B. Kienzle-Müller, G. Wilke-Kaltenbach

Babys in Bewegung

Spielerisch bis zum ersten Schritt

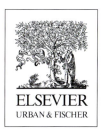

URBAN & FISCHER München

Zuschriften und Kritik an:
Elsevier GmbH, Urban & Fischer Verlag, Hackerbrücke 6, 80335 München

Wichtiger Hinweis für den Benutzer
Die Erkenntnisse in der Medizin unterliegen laufendem Wandel durch Forschung und klinische Erfahrungen. Die Autorinnen dieses Werkes haben große Sorgfalt darauf verwendet, dass die in diesem Werk gemachten therapeutischen Angaben dem derzeitigen Wissensstand entsprechen. Das entbindet den Nutzer dieses Werkes aber nicht von der Verpflichtung, die Übungsbeispiele auf individuelle Umsetzbarkeit zu überprüfen, an individuelle Bedürfnisse der Patienten zu adaptieren und – das therapeutische Personal betreffend – die Verordnung in eigener Verantwortung zu treffen.

Wie allgemein üblich wurden Warenzeichen bzw. Namen (z.B. bei Pharmapräparaten) nicht besonders gekennzeichnet.

Bibliografische Information der Deutschen Nationalbibliothek
Die Deutsche Nationalbibliothek verzeichnet diese Publikation in der Deutschen Nationalbibliografie; detaillierte bibliografische Daten sind im Internet über http://dnb.d-nb.de abrufbar.

Alle Rechte vorbehalten
1. Auflage 2008
© Elsevier GmbH, München
Der Urban & Fischer Verlag ist ein Imprint der Elsevier GmbH.

10 11 12 13   6 5 4 3

Das Werk einschließlich aller seiner Teile ist urheberrechtlich geschützt. Jede Verwertung außerhalb der engen Grenzen des Urheberrechtsgesetzes ist ohne Zustimmung des Verlages unzulässig und strafbar. Das gilt insbesondere für Vervielfältigungen, Übersetzungen, Mikroverfilmungen und die Einspeicherung und Verarbeitung in elektronischen Systemen.

Planung: Ines Mergenhagen, München
Lektorat: Hilke Dietrich, München
Herstellung: Christine Kosel, München; Hildegard Graf, München
Satz: abavo GmbH, Buchloe; TnQ, Chennai
Druck und Bindung: CTPS Hongkong
Fotos: Gitta Wilke-Kaltenbach, Ahrensburg
Zeichnungen 1.1 und 1.2: A. Laage-Gaupp, Die frühkindliche Bewegungsentwicklung: Vielfalt und Besonderheiten, verlag selbstbestimmtes leben, Düsseldorf, 1998
Umschlaggestaltung: SpieszDesign, Neu-Ulm
Titelfotografie: Stefan Rode, Berlin

ISBN 978-3-437-48390-5
Aktuelle Informationen finden Sie im Internet unter www.elsevier.de und www.elsevier.com

Autorinnen

Birgit Kienzle-Müller, geb. 1961, verheiratet, zwei Kinder. Ausbildung zur Physiotherapeutin 1981 an der Physiotherapieschule Heidelberg. Seitdem zahlreiche Fortbildungen in der Säuglings- und Kinderbehandlung (Vojta, Bobath, Manuelle Therapie, Osteopathie, Skoliosetherapie und Hippotherapie). Seit 1990 in eigener Praxis in Bad Friedrichshall tätig. Ihr besonderes Interesse gilt der Förderung der natürlichen Entwicklung des Kindes.
Nähere Informationen über ihre Praxis finden Sie unter www.kienzle-mueller.de.

Gitta Wilke-Kaltenbach, geb. 1963, verheiratet, drei Kinder, eines mit Trisomie 21. Studium der Archäologie (Magister). Danach Ausbildung zur Physiotherapeutin an der Physiotherapieschule Wittlich; seit 1994 in Physiotherapiepraxis bei Hamburg tätig (Schwerpunkte: Brügger, Maitland, Kontinenztherapie). Seit 1998 arbeitet sie zudem als externe Redakteurin für den Elsevier-Verlag im Bereich Fachberufe/Physiotherapie.

Geleitwort

Kinder sind ein Grund zur Freude. Kaum etwas ist schöner als die erste Bewegung eines Babys im Bauch, als der erste Schrei, das erste Lächeln, der erste Zahn. Die ganze Familie, die Freunde und Verwandten fragen nach dem ersten Wort, dem ersten Schritt.

Sobald das Baby geboren und zu Hause ist, wird die Entwicklung voller Freude beobachtet. Nicht selten stellen sich jetzt aber auch Zweifel ein, wenn das eigene Kind im Vergleich mit anderen Babys nicht mithalten zu können scheint, wenn es noch nicht kann, was andere Babys schon können.

Babys entwickeln sich nicht gleich. Während es in der Karibik normal ist, dass Kinder mit 10 Monaten laufen, setzen Kinder in Grönland ihre ersten freien Schritte erst im Alter von 20 Monaten. In der einen Familie entwickeln sich Kinder motorisch viel schneller als in einer anderen. Genetik und Umfeld spielen eine große Rolle, und der Übergang von einer langsamen, noch normalen Entwicklung zu einer behandlungsbedürftigen verzögerten Entwicklung ist fließend.

Täglich werde ich in der Praxis mit Kindern unterschiedlicher Reife konfrontiert, von Eltern gefragt und um Hilfe gebeten. Den Eltern fehlen häufig die Erfahrungen, die man früher hatte, als einem in der Großfamilie erfahrene Ratgeber zur Seite standen und man zudem ständig Kinder jeden Alters um sich hatte. Heute sind Eltern häufig allein mit ihrem Säugling, machen sich nicht selten Sorgen und stellen Fragen wie: „Entwickelt sich mein Kind normal? Darf ich es schon hinsetzen? Müsste es nicht schon dieses und jenes können, und wie kann ich es gezielt fördern, ohne es zu überfordern?"

Zu diesen Fragen finden Sie in diesem Buch eine kompetente Antwort. Es schildert die frühe kindliche Entwicklung und gibt Orientierung, wann ein Kind welche Meilensteine der Entwicklung erreichen sollte, wie Sie spielerisch die Entwicklung Ihres Babys fördern können und wie schön Babymassage sein kann. Aber Sie erfahren auch, wann berechtigte Sorgen Sie nicht zögern lassen sollten, Ihren Kinderarzt oder Ihre Kinderärztin um Rat zu fragen.

Martin Feuerstein
Facharzt für Kinderheilkunde
Bad Wimpfen, Oktober 2007

Einleitung

Jedes Kind ist einmalig. Es kommt als Individuum auf die Welt und wird die Herausforderungen seines Lebens auf die ihm eigene Weise angehen. Die Zeit vom ersten Schrei über das erste Lächeln bis zum ersten Schritt ist abgesehen von der Entstehung im Mutterleib derjenige Lebensabschnitt, der für uns Menschen das meiste Entwicklungspotenzial bereithält und in dem wir am intensivsten lernen.

Bis zum freien Laufen entwickelt sich das Kind in vielen Bereichen. Die Bewegungsentwicklung ist vielleicht am augenfälligsten; aus dem hilflosen Säugling, der sich in unseren Armen am wohlsten fühlt, wird ein abenteuerlustiges Kind, das überall auf Entdeckung geht. Die Greifentwicklung ermöglicht es ihm, die Dinge gezielt zu untersuchen und einzusetzen. Sie ist von großer Bedeutung für die geistigen Fähigkeiten des Kindes: Greifen bedeutet Begreifen!

Das Schreien, anfänglich die einzige sprachliche Ausdrucksmöglichkeit, differenziert sich in vielfältiger Weise; und je nachdem, was das Kind möchte, spricht, plappert, schreit oder flüstert es. Sobald das Kind läuft, sind die Sprachentwicklung und die kognitive Entwicklung so weit fortgeschritten, dass das Kind einzelne Worte sinnbezogen verwenden kann.

Auch das emotionale und soziale Verhalten reift im Schatten der motorischen Entwicklung heran, in Abhängigkeit von den vielen Erfahrungen, die das Kind in der ersten Zeit seines Lebens sammelt. Die Persönlichkeitsentwicklung eines Kindes schließlich beginnt mit seiner genetischen Veranlagung während der Zeugung und schreitet bis ins hohe Lebensalter fort.

Als Eltern eines Neugeborenen sind Sie zunächst einmal mit einem „fremden" Wesen konfrontiert. Es ist ein Abenteuer, dieses kleine Wesen, das Ihnen anvertraut wurde, mit all seinen Besonderheiten kennenzulernen und über viele Jahre zu begleiten.

Dieses Buch möchte Ihnen beim Kennenlernen und bei der Begleitung Ihres Kindes eine Hilfestellung sein. Wir hoffen, dass verunsicherte Eltern sicherer im Umgang mit ihrem Kind werden und es dadurch besser kennenlernen und liebevoller begleiten können. Wir hoffen auch, dass Eltern, die sich wegen einer vermeintlich verzögerten Entwicklung ihres Kindes Sorgen machen, gelassener werden und ihrem Kind die Zeit lassen, die es braucht. Andererseits sollten eher unerfahrene Eltern zu genauerem Beobachten ihres Kindes angeregt werden, sobald sich Entwicklungsprobleme abzeichnen.

Das Buch ist folgendermaßen aufgebaut:

Im 1. Kapitel können Sie nachlesen, dass die motorische Entwicklung Ihres Kindes nur zum Teil genetisch festgelegt ist, und warum es sinnvoll ist, es in seiner Bewegung spielerisch zu unterstützen.

Das 2. Kapitel widmet sich dem „Handling", d.h. dem alltäglichen, sicheren Umgang mit dem Säugling, durch den er wichtige Bewegungsimpulse erhält. Außerdem kommen verschiedene Lagerungsmöglichkeiten zur Sprache.

Die Neugeborenenzeit mit all ihren Herausforderungen ist Thema des 3. Kapitels.

Das 4. Kapitel widmet sich ausführlich den zwölf wichtigsten Meilensteinen der kindlichen Entwicklung. Sie erfahren, auf welch vielfältige Weise sich Ihr Kind vom ersten Lächeln bis zum ersten freien Schritt entwickelt und wie Sie es dabei unterstützen können.

Für weitere schöne Momente wird im 5. Kapitel die Babymassage beschrieben.

Die Bewegungsentwicklung des Kindes unterliegt einer großen Schwankungsbreite, manche Kinder laufen mit 9 Monaten, andere brauchen doppelt so lange. Wir orientieren uns daher bewusst an den Meilensteinen der kindlichen Entwicklung und nicht an den Monaten, in denen diese oder jene Fähigkeit in der Regel zu beobachten ist.

Die Meilensteine allerdings sind von großer Bedeutung für die motorische Entwicklung. Wenn Sie Ihrem Kind genügend Zeit lassen, so kann es eine Etappe nach der anderen selbst und in aller Gründlichkeit erobern. Dabei ist die Bewegungsqualität weitaus wichtiger als das Entwicklungstempo.

Die Orientierung an Meilensteinen legt mehr Gewicht auf das Entwicklungsalter des Kindes als auf sein tatsächliches Alter. Dieser Ansatz schließt auch die entwicklungsverzögerten Kinder mit ein, denn sie erreichen – wenn auch später – dieselben Meilensteine. Er gilt also auch für zu früh geborene Kinder sowie für Kinder mit solchen Behinderungen, die mit Entwicklungsverzögerungen einhergehen. Das Buch ersetzt natürlich keine Therapie. Deutlich entwicklungsverzögerte und behinderte Kinder benötigen darüber hinaus eine spezielle Förderung.

In diesem Buch erhalten Sie für jeden Meilenstein zahlreiche Spiel- und Bewegungsanregungen, die Sie zusammen mit Ihrem Kind ausprobieren können.

Die Spiele und Übungen haben keinen Beschleunigungseffekt auf die motorische Entwicklung, sie können sie aber intensivieren und in ihrer Qualität verbessern. Sie sollen weder eine Pflichtübung für Sie noch ein „Leistungssport" für Ihr Kind sein, sondern eine schöne Beschäftigung, die Spaß macht, Eltern und Kind enger verbindet und „nebenbei" die Motorik, das Gleichgewicht, das Körpergefühl, die Wahrnehmung und das Selbstbewusstsein des Kindes fördert.

Wenn Ihr Kind mit Spaß und Neugier dabei ist, können Sie sicher sein, dass das Spiel bzw. die Übung zu seinem Entwicklungsalter passt und es auf seinem Weg in die Aufrichtung unterstützt.

Inhaltsverzeichnis

1	**Die Bewegungsentwicklung des Kindes**	1
1.1	Die Aufrichtung: Aus der Mitte in die Mitte	2
1.2	Die Meilensteine: Schritt für Schritt in die Aufrichtung	3
1.3	Die verzögerte Entwicklung: ein Grund zur Beunruhigung?	6
2	**Der alltägliche Umgang mit dem Säugling**	9
2.1	Handling	9
2.1.1	Aufnehmen und Ablegen	10
2.1.2	Tragen	11
2.1.3	Spielen und Füttern	17
2.1.4	An- und Ausziehen	18
2.1.5	Wickeln und Baden	19
2.2	Lagerung	20
2.2.1	Die Rückenlage	20
2.2.2	Die Seitenlage	22
2.2.3	Die Bauchlage	23
3	**Die Neugeborenenzeit**	25
3.1	Die ersten Stunden	25
3.2	Die ersten Tage und Wochen	26
3.2.1	Kennenlernen und Urvertrauen	26
3.2.2	Berührung und Geborgenheit	26
3.2.3	Das Schreien	27
3.2.4	Zu früh angekommen?	29
3.2.5	„Hauptsache gesund!"	30
3.2.6	Merkmale der Neugeborenenzeit	31
3.2.7	Anregungen für Spiel und Bewegung	35
4	**Die zwölf Meilensteine der kindlichen Entwicklung: Spiel- und Bewegungsanregungen**	39
4.1	Erster Meilenstein: Das erste Lächeln	43
4.1.1	Merkmale	43
4.1.2	Anregungen für Spiel und Bewegung	45
4.2	Zweiter Meilenstein: Beginnende Kopfkontrolle	49
4.2.1	Merkmale	49
4.2.2	Anregungen für Spiel und Bewegung	50
4.3	Dritter Meilenstein: Der symmetrische Ellenbogenstütz	55
4.3.1	Merkmale	55
4.3.2	Anregungen für Spiel und Bewegung	57
4.4	Vierter Meilenstein: Der Einzel-Ellenbogenstütz	61
4.4.1	Merkmale	61
4.4.2	Anregungen für Spiel und Bewegung	63
4.5	Fünfter Meilenstein: Das Greifen aus und über die Mitte	67
4.5.1	Merkmale	67
4.5.2	Anregungen für Spiel und Bewegung	69
4.6	Sechster Meilenstein: Der symmetrische Handstütz	72
4.6.1	Merkmale	73
4.6.2	Anregungen für Spiel und Bewegung	76
4.7	Siebter Meilenstein: Das Robben	80
4.7.1	Merkmale	81
4.7.2	Anregungen für Spiel und Bewegung	83
4.8	Achter Meilenstein: Der schräge Sitz	86
4.8.1	Merkmale	87
4.8.2	Anregungen für Spiel und Bewegung	88
4.9	Neunter Meilenstein: Das Krabbeln	92

4.9.1	Merkmale	93	4.12	Zwölfter Meilenstein: Der erste Schritt		112
4.9.2	Anregungen für Spiel und Bewegung	96	4.12.1	Merkmale		112
4.10	Zehnter Meilenstein: Der Halbkniestand	99	4.12.2	Anregungen für Spiel und Bewegung		114
4.10.1	Merkmale	100				
4.10.2	Anregungen für Spiel und Bewegung	101	**5**	**Babymassage: Die sinnliche Welt des Babys**		**119**
4.11	Elfter Meilenstein: Der freie Stand	105	5.1	Die Vorbereitung		119
4.11.1	Merkmale	105	5.2	Die Massagegriffe		120
4.11.2	Anregungen für Spiel und Bewegung	107				

KAPITEL 1

Die Bewegungsentwicklung des Kindes

Die Entwicklung des Kindes ist ein ständig fortschreitender Prozess, der mit der Entstehung des Lebens bei der Zeugung einsetzt und das gesamte Leben des Menschen begleitet. Dabei ist die Entwicklung im Mutterleib ein genetisch festgelegter *Reifungsprozess*: Bei jedem Fötus entwickeln sich die Gestalt und die Organe in derselben Reihenfolge und annähernd zur gleichen Zeit. Auch die Bewegungen des Kindes entwickeln sich nach einem festgelegten Muster; schon im Mutterleib kann es z.B. zuerst seinen Kopf drehen, bevor es die Hand zum Mund führt.

Auch nach der Geburt gehorcht die Entwicklung einem inneren Bauplan, der in jedem Kind in der gleichen Weise angelegt ist. Das Kind bewegt sich zuerst unkoordiniert, bevor es zu gezielten Bewegungen in der Lage ist, es greift erst mit dem ganzen Körper, dann mit der Hand, dann mit einzelnen Fingern, es brabbelt, bevor es spricht. Auch Kinder, welche später eine Behinderung aufweisen, evtl. durch Komplikationen bei der Geburt, tragen das vollständige, korrekte Bewegungsmuster in sich.

Die Bewegungsentwicklung des Kindes vollzieht sich innerhalb eines bestimmten Zeitrahmens in einer bestimmten Reihenfolge. Bis zum ersten Schritt muss das Kind etliche Meilensteine der Entwicklung bewältigen, es muss seinen Kopf halten, um sich aufstützen zu können, es muss stützen können, um robbend vorwärts zu kommen, es muss auf die Knie kommen, um sich hochziehen und stehen zu können. Diese *Entwicklungsrichtung* des Kindes ist genetisch vorgegeben und bei jedem Kind gleich. Sie verläuft:

- von oben nach unten, d.h. vom Kopf zu den Füßen. Zuerst beherrscht das Kind die Kopfkontrolle, dann den Handstütz, erst viel später den Stand. Auch die Koordination entwickelt sich von oben nach unten: Das Kind bringt immer zuerst seine Hände zum Mund, dann erst seine Füße.
- von der Mitte nach außen, d.h. vom Rumpf zu den Extremitäten. Zuerst entfaltet und streckt sich die Wirbelsäule, dann erst öffnet sich die Hand, um zu greifen.
- abwechselnd zwischen stabilen (symmetrischen) und instabilen (asymmetrischen) Positionen bzw. Bewegungen (➤ Kap. 1.2).

Die frühe Entwicklung des Kindes ist zwar genetisch bedingt und ein Prozess der Reifung, der bestimmten Regeln gehorcht, aber sie ist nicht unabhängig von äußeren Einflüssen. Schon mit der Geburt – und nach neueren Forschungen sogar noch früher – ist die kindliche Entwicklung nicht nur von Reifungsprozessen abhängig, sondern auch von einem weiteren wichtigen Prozess, dem *Lernprozess*.

In vielen Entwicklungsbereichen, so auch in der motorischen Entwicklung, greifen diese beiden Prozesse – Reifen und Lernen – ständig ineinander. Die motorische Entwicklung des Kindes ist beeinflussbar und daher besser mit dem Begriff des motorischen Lernens umschrieben: Das Kind beginnt erst dann zu krabbeln, wenn der entsprechende Reifegrad besteht, aber danach gewinnt es durch ständige Übung und konkretes Lernen mehr Sicherheit und Qualität in der Bewegung. Daher verläuft die Bewegungsentwicklung auch nicht stereotyp, sondern ist von Kind zu Kind unterschiedlich.

> **BEACHTE**
> Jedes Kind hat sein eigenes Entwicklungstempo. Manche Entwicklungsphasen werden schnell, manche langsam und ausführlich durchlaufen. Zudem hat jedes Kind je nach Charakter unterschiedliche Vorlieben und Abneigungen und eine ganz individuelle Art, Fähigkeiten zu erlernen und auszubauen. Eltern können die Entwicklung des Kindes weder gestalten noch wirklich beschleunigen, aber sie können das motorische *Lernen* ihres Kindes durch Anregungen bereichern. Und sie können gutgemeinte „Hilfen" unterlassen, die die Entwicklung eher behindern und den Lernprozess hemmen.

Warum bewegt sich ein Kind?

Was ist der Motor der kindlichen Entwicklung? Warum nimmt ein Kind über viele Monate die Mühe auf sich, laufen zu lernen? Warum kämpft es so für seine Selbständigkeit, möchte mit zunehmendem Alter alles alleine machen und reagiert dann wütend, wenn man ihm hilft?

Entwicklung zielt auf Selbständigkeit. Gesunde Kinder kommen mit unverzichtbaren Überlebensstrategien auf die Welt. Dazu gehören zunächst die primitiven Reflexe, v.a. der Such-, Saug- und Schluckreflex, durch die das Kind ausreichend Nahrung zu sich nehmen kann (➤ Kap. 3.2.6). Das Drehen des Köpfchens zu derjenigen Wange, die berührt wird, ist so lange auf den Suchreflex zurückzuführen, bis das Kind „weiß", wie es zur Milchquelle gelangt. Die frühen Reflexe lassen nach und das Kind wendet den Kopf, wenn es trinken möchte. In dem Moment trifft es die ersten selbständigen Entscheidungen.

Zu den Überlebensstrategien des Kindes gehört zudem eine unerschöpfliche Neugier. Schon junge Säuglinge sind bestrebt, unbekannte Reize einordnen zu können. Zunächst reagieren sie reflexgesteuert, z.B. auf plötzliches Bewegtwerden mit dem Moro-Reflex (➤ Kap. 3.2.6). Sobald sich die Reize jedoch wiederholen und dem Kind vertrauter werden, wird es in seinen Reaktionen freier. Kinder beginnen schon früh, Spielzeug neugierig mit dem Blick zu verfolgen, bald darauf greifen sie nach allen erreichbaren Gegenständen, um sie intensiv mit allen Sinnen zu erforschen. Etwas später drehen sie sich oder fangen an zu robben, weil sich ihr Erkundungsdrang in der unmittelbaren Umgebung erschöpft hat und auf unbekanntem Terrain ein interessantes Spielzeug lockt.

Schließlich – und auch das ist überlebenswichtig – hat das Kind von Geburt an ein vitales soziales Interesse: Es möchte kommunizieren. Nichts fasziniert es zu Beginn seines Lebens so sehr wie ein menschliches Gesicht. Das Neugeborene ahmt intuitiv die Mimik nach. Es kann zunehmend länger Blickkontakt halten. Das erste soziale Lächeln schenkt es einem vertrauten Menschen. Dieses Interesse an sozialer Begegnung und Kommunikation ist ein Grundbedürfnis des Kindes. Wenn Eltern der Begegnung aus dem Wege gehen, verkümmert das Kind.

Ohne diese drei Überlebensstrategien – Reflexe, Motivation und Kommunikation – ist Entwicklung undenkbar. Sie sind von Beginn des Lebens die Grundlagen unserer Bewegung. Säuglinge mit wenig Interesse an ihrer Umwelt fallen mit zunehmendem Alter durch Entwicklungsstörungen auf. Auch blinde Kinder entwickeln sich zunächst einmal deutlich langsamer als ihre Altersgenossen, deren Sehvermögen ihre natürliche Neugier und ihr soziales Interesse verstärkt. Erst später sind normal intelligente blinde Kinder in der Lage, den Entwicklungsrückstand über das Hörvermögen auszugleichen.

Als Eltern liegt es in Ihrer Verantwortung, Ihrem Kind nicht nur körperliche Nahrung zu verabreichen. Bieten Sie ihm auch „Futter" für seinen Erkundungsdrang und teilen Sie seine Neugier. Auch wenn Ihr Kind noch nicht spricht, es kommuniziert von Beginn an auf seine Weise und über all seine Sinne. Seien Sie ihm ein offenes Gegenüber!

Entwicklung endet nicht mit dem ersten freien Schritt, sie schreitet ein Leben lang fort. Auch wenn wir längst erwachsen sind, ist unsere Weiterentwicklung auf das Ausmaß unserer Motivation und Kommunikation angewiesen.

1.1 Die Aufrichtung: Aus der Mitte in die Mitte

Die Aufrichtung eines Kindes lässt sich mit einer Spirale vergleichen, die in einem Punkt beginnt und sich dann immer größer werdend nach oben schraubt. Bis zum Stand, der höchsten Aufrichtung gegen die Schwerkraft, durchläuft das Kind viele Positionen, in denen sich die statische Symmetrie der Haltung und die dynamische Asymmetrie der Bewegung immer wieder abwechseln.

Ausgangspunkt der Bewegungsentwicklung ist die Rückenlage des Neugeborenen, die von asymmetrischen Massenbewegungen geprägt ist (➤ Abb. 1.1). Von dort findet das Kind zur stabilen, symmetrischen Rückenlage. Ist die Sicherheit einer Position annähernd erreicht, lässt das Kind sich auf das Risiko ein, die Position beweglicher zu gestalten und die statische Symmetrie mehr und mehr aufzugeben.

Auf diese Weise wagt es eine Gewichtsverlagerung und kippt vom Rücken auf die Seite.

Für die Aufrichtung des Kindes ist die Bauchlage unverzichtbar. Nur in der Bauchlage lernt es, seinen Kopf gegen die Schwerkraft anzuheben. Diese beginnende Kopfkontrolle in Bauchlage ist die Voraussetzung für die weiteren Meilensteine, den Ellenbogenstütz, den Einzel-Ellenbogenstütz, das Drehen, den Handstütz, den Zwergensitz, das Robben und schließlich das Krabbeln (> Abb. 1.2).

Auch in der Bauchlage gehen die symmetrischen Positionen in die asymmetrischen über, die dem Kind zu mehr Mobilität verhelfen. Auf den symmetrischen Ellenbogenstütz folgt der Einzel-Ellenbogenstütz, bei dem das Kind schon nach Spielzeug greifen kann. Dasselbe gilt ein paar Monate später für den Handstütz. Im Vierfüßlerstand erwirbt das Kind die Stabilität, die es für den asymmetrischen schrägen Sitz benötigt, aus dem wiederum das Krabbeln hervorgeht.

Von dort gelangt das Kind eine Ebene höher wieder in eine symmetrische Position: den Kniestand, der wiederum in den einbeinigen Kniestand übergeht. Jetzt sind die Voraussetzungen gegeben, dass sich das Kind erstmals in den Stand hochzieht. Es hält sich gut fest und wippt hoch und runter, bis es sicher genug ist, eine Hand loslässt und den ersten Schritt wagt.

Haltung und Bewegung sind nicht voneinander zu trennen, sie bedingen einander. Das Kind kann sich nur dann zielgerichtet und kontrolliert bewegen, wenn ihm seine Haltung genug Stabilität gibt, d.h. wenn es genügend *Haltungshintergrund* besitzt.

Für die Bewegung der Arme und Beine muss der Rumpf ausreichend Stabilität bieten. Ein guter Haltungshintergrund im Zentrum des Körpers ist die Voraussetzung dafür, dass sich die Hände allmählich vom Stützen am Boden lösen können. Nur so kann der Mensch seine typische aufrechte Haltung und die freie Verfügbarkeit seiner Hände erlangen.

1.2 Die Meilensteine: Schritt für Schritt in die Aufrichtung

Bis ein Kind schließlich laufen kann, muss es viele andere Bewegungen beherrschen: Stützen, Drehen, Robben, Sitzen, Krabbeln, Hochziehen, Stehen. Nahezu unverzichtbare Bewegungen bzw. Haltungen der motorischen Entwicklung werden als Meilensteine bezeichnet. Es sind Momente einer gesunden Bewegungsentwicklung, die auf das Entwicklungsalter des Kindes hinweisen und erkennen lassen, ob sich das Kind in zeitlicher, körperlicher und geistiger Hinsicht normal entwickelt.

Die Meilensteine entsprechen, legt man eine normgerechte Entwicklung zugrunde, ungefähr den ersten 12–14 Monaten des Lebens, mit Ausnahme des ersten Meilensteins (soziales Lächeln), den die Kinder in der Regel nach 6 Wochen erreichen. Das Laufen erlernen die meisten Kinder, wenn sie ein gutes Jahr (bis 14 Monate) alt sind.

Beachtet man aber die natürliche Schwankungsbreite der kindlichen Entwicklung, so können die Meilensteine auch einen kürzeren oder einen wesentlich längeren Zeitraum umfassen, denn schließlich laufen einige wenige Kinder schon mit 9 Monaten, während andere bis zwei Jahre für ihre ersten Schritte benötigen. Auch kann das Kind manche Meilensteine annähernd gleichzeitig erreichen, z.B. den schrägen Sitz, das Krabbeln, den Langsitz und das Hochziehen an Möbeln.

Vielleicht gehört Ihr Kind zu denjenigen – es sind ca. 50 Prozent der Kinder – die sich „an die Norm halten", dann brauchen Sie nur das Kapitel des entsprechenden Monats aufzuschlagen. Vielleicht weicht Ihr Kind aber auch mehr oder weniger deutlich von der Norm ab, sei es, dass es sich schneller oder sei es, dass es sich langsamer entwickelt. Es ist auch nicht unwahrscheinlich, dass es in einzelnen Entwicklungsbereichen seinen Altersgenossen voraus ist und sich gleichzeitig in anderen Bereichen noch Zeit lässt.

Um das *Entwicklungsalter* Ihres Kindes richtig einzuschätzen, schauen Sie ihm ab besten aufmerksam zu, wenn es in Rückenlage oder in Bauchlage auf der Krabbeldecke liegt, wenn es spielt, wenn es sich fortbewegt oder an Möbeln hochzieht. Beobach-

Abb. 1.1 Entwicklungsspirale des Kindes: Aus der Mitte in die Mitte

1.2 Die Meilensteine: Schritt für Schritt in die Aufrichtung

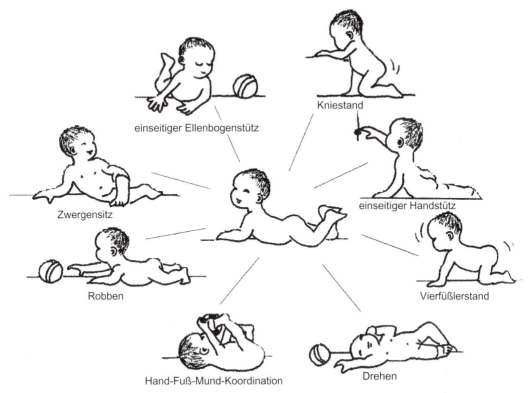

Abb. 1.2 Die Bauchlage ist unverzichtbar!

ten Sie, welche Fähigkeiten Ihr Kind in letzter Zeit entdeckt und gezeigt hat:
- Zeigt Ihr Kind das „soziale Lächeln", d.h. ahmt es Ihr Lächeln nach? (➤ Kap. 4.1, Erster Meilenstein)
- Kann es, wenn es auf dem Bauch liegt, sein Köpfchen schon einen Moment lang von der Unterlage abheben? (➤ Kap. 4.2, Zweiter Meilenstein)
- Stützt sich Ihr Kind in Bauchlage symmetrisch auf beide Ellenbogen? (➤ Kap. 4.3, Dritter Meilenstein)
- Kann es bei diesem Stütz schon einen Arm etwas nach vorne schieben und dabei nach Spielzeug greifen? (➤ Kap. 4.4, Vierter Meilenstein)
- Greift es über die Mitte nach Spielzeug? (➤ Kap. 4.5, Fünfter Meilenstein)
- Stützt es sich, wenn es auf dem Bauch liegt, symmetrisch auf beide Hände? (➤ Kap. 4.6, Sechster Meilenstein)
- Kann Ihr Kind robben? (➤ Kap. 4.7, Siebter Meilenstein)
- Setzt es sich schon in den schrägen Sitz? (➤ Kap. 4.8, Achter Meilenstein)
- Kann Ihr Kind krabbeln? (➤ Kap. 4.9, Neunter Meilenstein)
- Zieht sich Ihr Kind an Möbeln hoch und zeigt es dabei den Halbkniestand? (➤ Kap. 4.10, Zehnter Meilenstein)
- Kann Ihr Kind frei stehen? (➤ Kap. 4.11, Elfter Meilenstein)
- Macht es seine ersten Schritte? (➤ Kap. 4.12, Zwölfter Meilenstein).

Orientieren Sie sich bei der Auswahl der Spiele grundsätzlich an dem Entwicklungsstand Ihres Kindes und nicht an seinem tatsächlichen Alter, sonst besteht die Gefahr, dass Sie Ihr Kind überfordern oder dass Sie selbst frustriert sind, weil die Spiele nicht „funktionieren". Dagegen eignen sich viele der frühen Spielanregungen auch für ältere Babys.

1.3 Die verzögerte Entwicklung: ein Grund zur Beunruhigung?

In vielen Ratgebern finden Eltern Entwicklungstabellen, in denen mehr oder weniger differenziert aufgezeigt wird, welche Fähigkeiten ein Kind in der Regel in welchem Monat beherrscht. Auf die Schwankungsbreite der kindlichen Entwicklung, d.h. auf die so genannten Normvarianten, wird dabei nicht immer ausführlich genug hingewiesen. Daher sind vor allem Erstlingseltern, die gespannt die Entwicklungsschritte ihres Kindes beobachten, schnell zu verunsichern, wenn sich ihr Kind vermeintlich langsamer entwickelt als es der Norm entspricht.

Entwicklungsnormen dürfen Sie kritisch betrachten. Die „verzögerte Entwicklung" kann wie die schnelle Entwicklung eine Variante innerhalb der Norm darstellen und durchaus „normal" sein. Kinder, die z.B. spät laufen, haben meist ein Elternteil, das auch erst spät das Laufen erlernt hat. Kinder, die nicht krabbeln, wurden unter Umständen viel zu früh hingesetzt. Dass sich auch zu früh geborene Kinder nicht an die Norm halten, ist verständlich, da sie Entwicklungsschritte nachholen müssen.

Bei der Beurteilung der kindlichen Entwicklung sollte man sich immer um einen Gesamteindruck des Kindes bemühen und die unterschiedlichen Entwicklungsbereiche im Auge behalten. Da Entwicklung in verschiedenen Bereichen sowohl nebeneinander als auch nacheinander stattfindet, sagt ein einziges Merkmal wenig über die Gesamtentwicklung des Kindes aus. Stagnationen in Teilbereichen der Entwicklung (z.B. der Motorik) sind durchaus normal, weil sich dann ein anderer Bereich besonders intensiv entwickeln kann (z.B. die Sprache). Kinder können auch einmalig Fähigkeiten zeigen, sie dann wieder für ein paar Wochen „vergessen" und erst später wieder aufgreifen.

Zudem ist die Qualität der Bewegung wichtiger als das Tempo der Entwicklung. Die Drehung vom Rücken auf den Bauch sollte das Kind z.B. über eine gute Rumpfbeugung vollziehen, auch wenn ihm dies vielleicht erst mit 7 Monaten gelingt. Dann erst hat es sich die nötigen Voraussetzungen für die Bewältigung der weiteren Meilensteine erarbeitet. Anders das Kind, das sich schon mit 3 oder 4 Monaten – aber mit Hilfe einer Überstreckung des gesamten Körpers – dreht; dieses Kind wird Mühe haben, die weiteren Entwicklungsetappen zu meistern. Es ist nicht leicht, die Qualität der kindlichen Bewegung richtig einzuschätzen. Aber auch dabei wird Ihnen dieses Buch eine Hilfe sein.

> **BEACHTE**
> Wenn sich Ihr Kind in einzelnen Bereichen mehr Zeit lässt als andere Kinder, lassen Sie sich nicht beunruhigen. Lassen Sie Ihrem Kind die Zeit, die es braucht. Forcieren Sie nicht das Entwicklungstempo Ihres Kindes auf Kosten einer guten Bewegungsqualität.

Wenn Ihr Kind allerdings in *allen* Entwicklungsbereichen mehr als 3 Monate „hinterher" ist, braucht es wahrscheinlich spezielle therapeutische Unterstützung. Auch wenn Merkmale aus früheren Meilensteinen zu lange bestehen bleiben (z.B. Reflexe), kann die Entwicklung gestört sein. Auf diese speziellen Auffälligkeiten in der Bewegungsentwicklung wird weiter unten bei der Beschreibung der Meilensteine eingegangen (➤ Kap. 4).

Allgemeine Auffälligkeiten in der Bewegungsentwicklung

Die Beurteilung, ob die Entwicklungsverzögerung des Kindes doch ein Anlass zur Beunruhigung ist, ist Aufgabe des Kinderarztes, der sie im Zuge der U-Untersuchungen regelmäßig wahrnimmt.

Die Entwicklung Ihres Kindes kann durch innere oder auch äußere Einflüsse gestört werden. Wenn Sie viel mit ihrem Kind zusammen sind, sich mit ihm beschäftigen und es aufmerksam beobachten, werden Ihnen leichter folgende allgemeine Auffälligkeiten oder veränderte Verhaltensweisen auffallen, die Sie auch außerhalb der U-Untersuchungen umgehend ärztlich abklären lassen sollten:

- Übermäßige Spannung:
  Beim Versorgen des Kindes schmiegt es sich nicht an, sondern macht sich übermäßig steif und überstreckt sich stark nach hinten. Seine Haltung ist starr und seine Bewegungen wirken eckig, unharmonisch und angestrengt.

1.3 Die verzögerte Entwicklung: ein Grund zur Beunruhigung?

- Zu wenig Spannung:
Das Kind ist besonders schlaff, „hängt" in seinen Gelenken und hat Mühe, seinen Kopf zu halten und eine angemessene Körperspannung aufzubauen. Es bewegt sich wenig und wirkt eher schwerfällig.
- Asymmetrische Haltung in jedem Alter:
Auch nach der Neugeborenenzeit weist das Kind in Rücken- oder Bauchlage eine Schieflage auf und wendet seinen Kopf vorwiegend auf eine Seite.
- Unterschiedliche Entwicklung der Körperseiten (Halbseitensymptomatik):
Eine Körperseite entwickelt sich langsamer als die andere. Meistens ist dies an der einseitigen Handbenutzung zu erkennen.
- Mögliche Krampfanfälle (Epilepsie):
Das Kind zeigt zuckende gleichmäßige Bewegungen, oft verbunden mit überstarkem Augenblinzeln oder abnormen Augenbewegungen.
- Große Unruhe und Übererregbarkeit bzw. im Gegenteil Teilnahmslosigkeit und Bewegungsarmut
- Mögliche mentale Störung:
Das Kind verdreht ständig und übermäßig seine Zunge im Mund.
- Mögliche Akutkrankheiten:
Fieber, starkes Spucken, starker Husten, starke Bauchschmerzen (übermäßig starke Dreimonatskolik, langes abendliches Weinen), starkes Schwitzen, Apathie und Teilnahmslosigkeit
- Deutlich verzögerte Entwicklung:
Kinder, die sich nicht altersgemäß entwickeln, werden normalerweise im Zusammenhang der regelmäßig stattfindenden U-Untersuchungen auffällig und können nachfolgend therapeutisch begleitet werden. Nehmen Sie deshalb die U-Untersuchungen unbedingt wahr, denn hier werden die Quantität und die Qualität der Bewegungsentwicklung beurteilt.

BEACHTE
Grundsätzlich gilt: Verlassen Sie sich auf Ihre Beobachtungen und auf Ihr Gefühl. Bei Unsicherheiten und offenen Fragen oder wenn Sie den Eindruck haben, dass Ihr Kind Auffälligkeiten in seiner Entwicklung zeigt, suchen Sie Ihren Kinderarzt auf.

KAPITEL 2

Der alltägliche Umgang mit dem Säugling

2.1 Handling

In den ersten Lebensmonaten ist der Säugling völlig unselbständig und ganz auf fremde Hilfe angewiesen. Als Eltern benutzen Sie bei den täglichen, lebenswichtigen Versorgungen, beim An- und Ausziehen, Baden, Wickeln, Füttern und Tragen bestimmte Handgriffe und beeinflussen damit Haltung und Bewegung Ihres Kindes. Auch wenn es Ihnen nicht bewusst ist, haben Ihre Handgriffe Auswirkungen auf das motorische Lernen Ihres Kindes.

„Handling" bedeutet der sichere Umgang mit dem Baby in allen Situationen des Alltags. Handling ist immer Interaktion zwischen Ihnen und Ihrem Kind. Gutes Handling fördert die natürliche Entwicklung Ihres Kindes und weckt sein Interesse an der Umwelt. Indem Sie Ihr Kind gut und sicher halten und bewegen, regen Sie es zu eigenem selbständigen Bewegen an.

Durch gutes Handling wirkt eine Vielzahl von Reizen auf das Kind ein, die es zu seiner körperlichen und geistigen Entwicklung braucht. Neben der Wärme und Geborgenheit, die ihm Ihre Hände vermitteln, spürt das Kind die ständigen Veränderungen, die sich durch die Verlagerung seines Gewichts ergeben, sowie Druck und Zug. Das Kind gewinnt durch die sich täglich wiederholenden Handlungen ein zunehmend sicheres Bewegungsgefühl und entwickelt sein eigenes Körperbild. Man kann sich leicht vorstellen, dass es ein großer Unterschied ist, ob das Kind aktiv an diesen Prozessen teilhaben und mitbestimmen kann oder ob es wie eine Puppe eher passiv gehandhabt wird.

Gutes Handling spricht das Kind in seinem jeweiligen Entwicklungsalter adäquat an. Es ist sensorische und motorische Bewegungserfahrung – gerade auch für diejenigen Kinder, deren Entwicklung verzögert abläuft oder die von einer Behinderung bedroht sind. So kann gutes Handling hemmend auf pathologische Bewegungsmuster (z.B. Spastik) wirken. Beim Tragen vor dem Körper z.B. wirkt das Spreizen der Beine hemmend auf die erhöhte Muskelspannung der Beine. Bei eher schlaffen Kindern hingegen hat das richtig angewandte Handling eine Erhöhung der Körperspannung zur Folge.

Um einer einseitigen, asymmetrischen Bewegungsentwicklung entgegenzuwirken, ist es wichtig, mit dem Kind beim Aufnehmen, Ablegen, Baden und Füttern gleichmäßig von beiden Seiten umzugehen.

Ein Beispiel für falsches Handling ist das Hochziehen des Kindes an beiden Händchen aus der Rückenlage in den Sitz. In den U-Untersuchungen führt der Arzt diesen „Traktionsversuch" als Test durch; er gibt einen Druck in den Handteller und schaut auf die Reaktion des Kopfes und auf die Haltung. Im weiteren Verlauf achtet er darauf, wie das Köpfchen gehalten wird und wie sich die Wirbelsäule beim Hochkommen verhält. Als Übung jedoch ist dieser Test schädlich, denn die Kinder ziehen reflexartig die Schultern hoch und überstrecken die Halswirbelsäule. Generell sollten Sie Ihr Kind erst dann passiv hinsetzen, wenn es gelernt hat, in den Vierfüßlerstand zu kommen bzw. selbständig den aktiven Sitz gefunden hat. Wenn Sie Ihr Kind früher hinsetzen, fehlen ihm das Stützen mit den Händen und die für das Sitzen nötigen Gewichtsverlagerungen (➤ Kap. 3.9). Auch das Benutzen einer Lauflernhilfe („Gehfrei") ist falsches Handling, da sich die Füße meist noch nicht auf das Stehen eingestellt haben. Dadurch gewöhnt sich das Kind daran, auf den Zehenspitzen zu laufen: Fußfehlstellungen sind die Folge (➤ Kap. 3.12).

2 Der alltägliche Umgang mit dem Säugling

> **BEACHTE**
> **Gutes Handling**
> - hilft Ihrem Kind, sich besser an die Schwerkraft anzupassen
> - gibt Ihrem Kind Geborgenheit und steigert sein Wohlbefinden
> - bedeutet Bewegungsförderung: Gleichgewicht, Koordination, Kraft und Ausdauer werden geschult.
> - stärkt die Vitalfunktionen (z.B. Atmung, Darmperistaltik und Hirnleistung) durch adäquate Reize
> - vermittelt körperbezogene, emotionale und kognitive Erfahrungen
> - bedeutet Berührung und Begrenzung und fördert so die sensomotorische Entwicklung und das Gefühl für Spannung und Entspannung
> - unterstützt die innere Aufmerksamkeit Ihres Kindes, seine Selbstwahrnehmung und sein Körperbewusstsein
> - schenkt Bewegungsfreude
> - kann bei Bauchweh, Unruhe und Stress lindernd wirken.

2.1.1 Aufnehmen und Ablegen

Aufnehmen des Kindes aus der Rückenlage

Das Aufnehmen aus der Rückenlage erfolgt immer über die Seite und so langsam, dass das Kind den Drehvorgang und das Aufnehmen mitsteuern kann und zu eigener Bewegung angeregt wird. Wenn Sie Ihr Baby direkt aus der Rückenlage hochheben, ohne es vorher auf die Seite zu drehen, kann es seinen Kopf nicht halten. Als Schutzmechanismus wird es reflexartig seine Schultern nach oben und vorne ziehen, vielleicht fahren sogar die Arme schreckhaft auseinander (Moro-Reflex). Dieses Hochnehmen ist rein passiv und fördert die natürliche Bewegungsentwicklung nicht; es wird sie im Gegenteil eher behindern.

Damit Ihr Baby keine Lieblingsseite und damit Asymmetrien entwickelt, sollten Sie es grundsätzlich über beide Seiten hochnehmen. Greifen Sie mit Ihren Händen flächig unter die Schulterblätter Ihres Babys, so dass es wie in einer Schale liegt. Wenn Sie Ihr Kind über die linke Seite aufnehmen möchten, legen Sie Ihren rechten Unterarm zwischen die Beine des Kindes (➤ Abb. 2.1).

Jetzt können Sie Ihr Baby langsam auf seine linke Seite drehen. Sie werden sehen, dass Ihr Kind mithelfen möchte; es spannt seine Hals- und Bauchmuskeln an, und je nach Entwicklungsstand nimmt es sein Köpfchen aktiv mit nach vorne in die Bewegungsrichtung. In der Seitenlage verlängert sich dabei die unten liegende Seite des Kindes, während sich die oben liegende Seite verkürzt (➤ Abb. 2.2); diese Reaktion wird das Kind auch später zeigen, wenn es sich alleine vom Rücken auf den Bauch dreht.

Neigen Sie sich nun zu Ihrem Kind hinunter und nehmen Sie es behutsam über die linke Seite auf. Wenn Sie sich dann aufrichten, „sitzt" Ihr Kind auf Ihrem rechten Arm (➤ Abb. 2.3–2.4). Wenn Sie Ihren Tragearm wechseln möchten, greifen Sie mit Ihrem linken Arm unter der linken Schulter des Kindes hindurch, so dass Ihre Arme parallel liegen. Dann können Sie den rechten Oberschenkel des Kindes ergreifen und Ihre linke Hand lösen (➤ Abb. 2.5–2.6).

Dieses Aufnehmen des Kindes eignet sich von Anfang an, da es dem physiologischen Bewegungsmuster des Kindes entspricht. Sogar Frühchen und Neugeborene kann man auf diese Weise aufnehmen, nur muss das Kind – so lange es noch keine Kopfkontrolle hat – weiter über die Seitenlage in Richtung Bauchlage gedreht werden, damit sein Köpfchen nicht nach hinten fällt (➤ Abb. 2.7). Mögliche Tragepositionen für die ganz Kleinen werden weiter unten beschrieben (➤ Kap. 2.1.2).

Das Ablegen erfolgt in gleicher Reihenfolge rückwärts.

Aufnehmen des Kindes aus der Bauchlage

Sie können Ihr Baby auch aus der Bauchlage hochnehmen. Dabei greifen Sie zwischen den Beinen Ihres Kindes hindurch und legen Ihre Hand breitflächig unter Bauch und Brustbein. Mit der anderen Hand können Sie entweder von der Seite unter beiden Achseln hindurch greifen, so dass die Brust Ihres Kindes bequem auf Ihrem Unterarm liegt (➤ Abb. 2.8), oder Sie greifen von oben und legen Ihre Hand unter die Brust des Kindes (➤ Abb. 2.9).

Jetzt können Sie Ihr Kind mit einer leichten Drehung aufnehmen und entweder in Seitenlage oder auch Bauchlage mit dem Fliegergriff tragen

2.1 Handling

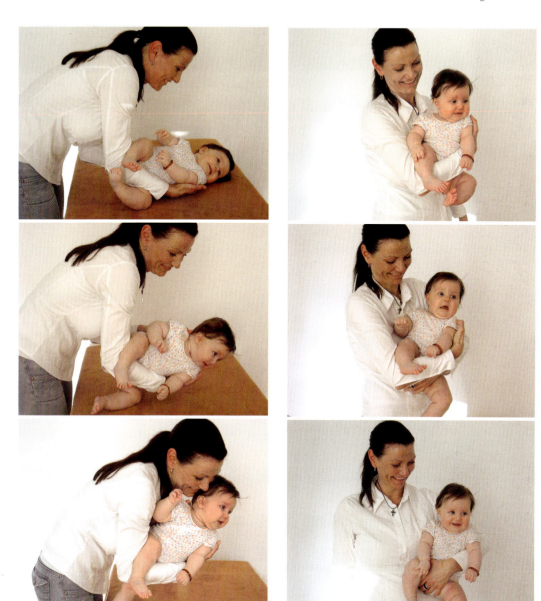

Abb. 2.1–2.6 Aufnehmen des Kindes aus der Rückenlage

(> Abb. 2.15). Das Ablegen erfolgt auch hier in gleicher Reihenfolge zurück.

2.1.2 Tragen

Die Frage, ob ein Baby viel getragen werden sollte, wird seit jeher unterschiedlich beantwortet. Grundsätzlich lassen sich keine Regeln aufstellen, da Babys ganz verschiedene Temperamente und Bedürfnisse haben – ebenso wie Sie als Eltern! Wenn Sie Ihr Kind gut kennen lernen, werden Sie bald mit seinen individuellen Bedürfnissen vertraut und das richtige Maß einschätzen können.

Tragen bedeutet immer getragen werden, gehalten werden, beschützt sein. Sie zeigen Ihrem Kind ganz körperlich: „Ich bin für dich da. Ich bin dir nah." Das Tragen ist der „Tröster in der Not"; es

Abb. 2.7 Auch Neugeborene halten ihr Köpfchen selbst, wenn sie beim Aufnehmen über die Seite bis fast in die Bauchlage gedreht werden.

Abb. 2.9 Griff von oben

Abb. 2.8 Aufnehmen aus der Bauchlage. Griff von der Seite.

onen, d.h. die Augen lernen, sich immer wieder waagerecht im Raum einzustellen.

Dennoch sollte Tragen nicht zum Selbstzweck werden. Meist haben Mütter beim ersten Kind sehr viel Zeit und tragen ihr Kind bei jedem Anlass, mit oder ohne Wickeltuch. In unserer Kultur ist es aber nicht mehr notwendig, das Kind ständig vom Boden fernzuhalten. Die Bewegungserfahrungen, die Ihr Kind auf Ihrem Arm sammelt, kann es nur dann selbst „nacharbeiten", wenn Sie es auch wieder auf seiner Krabbeldecke ablegen. Dort wird es das Stützen üben, sein Gewicht verlagern und sich plötzlich das erste Mal überrascht drehen.

dient der Beruhigung, der Linderung von Schmerzen, als Hilfe zum Einschlafen. Liebe und Bindung gehören zum Tragen. Ungefähr ab dem 6. Monat lässt sich ein Kind nicht mehr von jedem tragen. Es hat Vorlieben und zeigt unter Umständen deutlich seine Zuneigung oder auch Ablehnung.

Da Ihr Kind im ersten Lebensjahr noch nicht selbst laufen kann, muss es getragen werden, um an einen anderen Ort zu gelangen, z.B. von der Krabbeldecke auf den Wickeltisch. Durch das Tragen nimmt das Kind seine Umwelt wahr: „Schau, das ist dein Zuhause. Hier ist es schön."

Durch Tragen und Lagewechsel geben Sie Ihrem Baby ständig Impulse, die sensorisch und motorisch auf sein Lage-, Haltungs- und Bewegungsgefühl einwirken. Kopf und Rumpf müssen Haltearbeit leisten. Lagewechsel haben Gleichgewichtsreaktionen Ihres Kindes zur Folge sowie so genannte Kopfstellreakti-

BEACHTE
Das Tragetuch
Die Meinungen über das Tragen im Tragetuch gehen weit auseinander; es lassen sich gute Argumente dafür, aber auch kritische dagegen aufführen. Eltern sollten individuell für sich entscheiden, ob es sinnvoll ist, ihr Kind auf diese Art zu tragen.
Tragetücher bieten nicht immer eine geeignete Tragemöglichkeit für unsere Kinder. Da wir aufrecht gehen und stehen, kann es leicht passieren, dass vor allem das noch junge Kind im Tuch zusammensackt und seine Wirbelsäule gestaucht wird. Die Haltung wird asymmetrisch. Das Kind wird mit dem Kopf und dem gesamten Körper an den Körper der Mutter oder des Vaters gepresst und hat keine Möglichkeit, sich individuell zu bewegen oder sich aus dieser Lage zu befreien. Möglicherweise werden die Beinchen kalt und die Blutzufuhr abgedrückt. Dieselben kritischen Argumente gelten für das Tragen im Tragesack vor dem Körper.

Aber: Kinder sind verschieden, und was für die einen unangenehm ist, kann für die anderen angenehm sein. Manche mögen die Enge im Tuch und lassen sich so besonders gut beruhigen, und wenn ihr Rücken zusätzlich mit der Hand gestützt wird, ist gegen das (nicht allzu lange) Tragen im Tuch nichts einzuwenden. Andere Kinder wehren sich und fordern vehement ihre Bewegungsfreiheit.

Zudem gibt es – je nach Alter und Vorlieben des Kindes – viele verschiedene Möglichkeiten, das Kind im Tragetuch zu tragen: liegend vor dem Bauch der Eltern, senkrecht auf dem Rücken (Huckepacktechnik), aufrecht sitzend auf der Hüfte oder vor dem Bauch der Eltern, ihnen zu- oder abgewandt. Neugeborene und Frühchen kann man ganz einhüllen. Sollten Sie sich für das Tragen im Tuch entschieden haben, dann stellen Sie sich immer wieder neu auf die veränderten Proportionen Ihres Kindes ein und probieren Sie die unterschiedlichen Tragepositionen aus. Richten Sie sich danach, ob und wie lange sich Ihr Kind im Tragetuch wohlfühlt!

Wenn Sie als Eltern das Tuch altersgemäß und korrekt einsetzen, bietet es dem noch jungen Baby vielfältige Stimulation. Durch die ständigen Bewegungen der Eltern werden Gleichgewicht, Körpergefühl und Tiefensensibilität angesprochen. Das Kind nimmt sich selbst besser wahr. Herzschlag und Körperwärme der Eltern sind ihm vertraut und beruhigen es. In liegender Position spürt es wie im Mutterleib den Druck und gleichzeitig die Nachlässigkeit der Umgebung. Das etwas ältere Kind nimmt durch das Tragen im Tuch an den Handlungen der Eltern teil und gewinnt so schon direkten Einblick in wesentliche Tätigkeiten des Alltags.

Der Kinderrucksack
Ein Kinderrucksack auf dem Rücken der Eltern kann dann sinnvoll sein, wenn das Kind alt genug für kleinere Wanderungen ist. Das ist allerdings in der Regel erst ab dem 1. Lebensjahr der Fall. Ein Nachteil ist, dass der Träger nicht sehen kann, wenn das Kind z.B. friert. Es gibt Eltern, die ihre Kinder auf dem Rücken mit zum Skifahren nehmen und großen Gefahren aussetzen. Man muss nicht um jeden Preis mit dem Kind mobil sein!

Tragen des Kindes ohne Kopfkontrolle

Für Frühchen und Neugeborene können Sie mit Ihren Armen ein „Nestchen" bilden (➤ Abb. 2.10). Sie legen sich Ihr Kind so auf Ihre beiden Unterarme, dass es mit seinem Po und seinen angebeugten Beinen Halt an Ihrer Brust findet und Sie ihm ins Gesicht schauen können. Dabei umschließen Sie mit Ihren Armen das ganze Kind und umfassen seinen Kopf mit beiden Händen. Diese Tragemöglichkeit bietet Ihrem Baby Begrenzung und Geborgenheit.

Auch das körpernahe Tragen Brust an Brust, bei dem Sie Ihrem Baby großflächig Halt durch Hände, Arme und Körper geben, bietet Geborgenheit (➤ Abb. 2.11).

Bis zum 3. Monat können Sie Ihr Baby auch so tragen, dass es in Bauchlage über Ihrer Schulter liegt – weit genug, damit sein Rücken nicht gestaucht wird (➤ Abb. 2.12). Nach dieser Zeit ist das Kind wahrscheinlich zu sehr an seiner Umgebung interessiert; es dreht und überstreckt vielleicht sogar, um dasselbe wie seine Eltern sehen zu können.

Wenn Sie Ihr noch kleines Kind mehr in Sitzposition tragen möchten, ist es wichtig, dass Sie ihm mit Ihren Händen, Armen und mit Ihrem Körper einen guten Halt bieten (➤ Abb. 2.13). Diese Position ist auf dem Schoß möglich, aber auch dann, wenn Sie stehen oder gehen. Halten Sie Ihr Kind so, dass es z.B. mit seiner linken Körperseite an Ihrer Brust Halt findet. Dabei sitzt es auf Ihrer linken Handfläche wie in einer Schale. Ihr rechter Arm umgreift das gesamte Kind von hinten und hält es am vorderen Beinchen.

Aus dieser Position können Sie Ihr Kind auch etwas weiter in die so genannte Wiegeposition neigen (➤ Abb. 2.14). Ihr linker Arm greift dabei etwas weiter unter den Po und stützt den Rücken. Der andere Arm umgreift schützend die Schultern; dabei ruht der Kopf des Kindes auf Ihrem Unterarm bzw. in Ihrer Ellenbeuge.

Kinder, die in den ersten 3 Monaten abends unter Koliken leiden, genießen das Tragen in Bauchlage (➤ Abb. 2.15). Dabei greifen Sie mit einer Hand zwischen die Beine, mit dem andern Arm zwischen

Abb. 2.10 Tragen im „Nestchen"

2 Der alltägliche Umgang mit dem Säugling

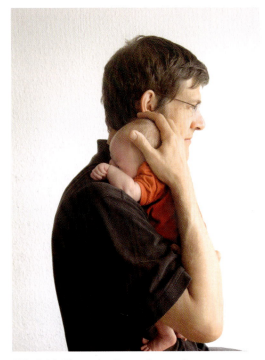

Abb. 2.11 Körpernahes Tragen, Brust an Brust

Abb. 2.12 Tragen über der Schulter

Abb. 2.13 Tragen in der Sitzposition

Abb. 2.14 Tragen in der Wiegeposition

Abb. 2.15 Tragen in Bauchlage („Fliegergriff")

die Arme des Babys und halten es sicher vor Ihrem Körper. Wenn es Ihrem Kind gefällt, können Sie mit einer Hand leichten Druck auf die Bauchdecke ausüben. Mit dieser Trageposition gewöhnen Sie Ihr Kind auch hervorragend an die manchmal ungeliebte Bauchlage.

Wenn Sie Ihr Kind im Fliegergriff halten und es dann leicht auf die Seite kippen, liegt sein Rücken vor Ihrem Bauch. Das ist das Tragen in Seitenlage, bei dem Ihr Kind mehr von seiner Umgebung wahrnehmen kann (➤ Abb. 2.17).

Tragen des Kindes mit Beginn der Kopfkontrolle

Wenn Ihr Kind in der Regel nach 3 Monaten seinen Kopf besser stabilisieren kann, können Sie zusätzlich zu Tragepositionen übergehen, bei denen Sie beide in dieselbe Richtung schauen. Ihr Kind erarbeitet sich dadurch Symmetrie und eine noch bessere Kopfkontrolle. Außerdem kann es seine Arme und Beine frei bewegen und das Überstrecken wird gehemmt.

Einarmiges Tragen Es gibt verschiedene Tragemöglichkeiten in aufrechter Position. Wichtig ist, dass sich eine Hand zwischen den Beinchen des Kindes befindet. Die Abspreizung der Beine dient der Zentrierung der Hüftgelenke. Sie können Ihr Kind – wie oben beschrieben – einarmig mit dem Rücken an Ihrem Körper tragen (➤ Abb. 2.4, ➤ Abb. 2.6). Diese asymmetrischen Tragepositionen bringen Ihr Kind in eine natürliche Haltung und haben sehr viele Vorteile. Ihr Kind braucht genügend Kopf- und Rumpfstabilität – die es dadurch aber auch verbessert! Da sich Ihr Kind Ihren Bewegungen anpasst, werden Rumpfstabilität und Gleichgewicht ständig gefordert. Je nachdem, wie viel Halt Sie Ihrem Kind geben, muss es seine Haltung mehr oder weniger selbst stabilisieren.

Ein weiterer Vorteil dieser asymmetrischen Tragepositionen ist das so genannte aufgebrochene Haltemuster, das bereits dem Gehen ähnelt: Ein Bein ist gebeugt (Spielbein), das andere gestreckt (Standbein), zudem wird der Rumpf wie beim Gehen rotiert und die Rumpfseiten sind unterschiedlich lang. Dadurch wird auch das Drehen angebahnt. Damit die Bewegungsmuster gleichmäßig angesprochen werden, sollten Sie Ihr Kind mal mit dem rechten, mal mit dem linken Arm halten.

Mit diesen Tragepositionen lassen Sie Ihrem Kind zudem einen großen Bewegungsfreiraum. Es kann mit seinen Händen spielen oder ein Spielzeug halten (Hand-Hand-Koordination), es kann auch leicht seine Füßchen erreichen (Hand-Fuß-Koordination). Es spürt Ihre Wärme und Ihren Herzschlag, fühlt sich sicher gehalten und kann neugierig seine Umwelt entdecken. Seine visuelle Wahrnehmung wird gefördert.

Beidarmiges Tragen Sie können Ihr Kind natürlich auch beidarmig sichern. Wenn Sie Ihr Kind aufrecht tragen möchten, greifen Sie mit dem einen Arm wie beim einarmigen Tragen (➤ Abb. 2.6) und stützen mit Ihrem anderen Arm zusätzlich den Po Ihres Kindes (➤ Abb. 2.16).

Vielleicht mag Ihr Kind auch noch den Fliegergriff aus der Neugeborenenzeit (➤ Abb. 2.15). Wenn es schon etwas mehr am Geschehen seiner Umgebung teilhaben möchte, können Sie es auch aus dem Flieger leicht in die Seitenlage kippen. Der Rücken Ihres Kindes liegt dann an Ihrem Bauch. Dann liegt der Kopf Ihres Kindes in Ihrer Armbeuge, während Ihr anderer Arm von unten zwischen den Beinchen hindurch greift und Ihre beiden Hände sich vor dem Bauch des Kindes überlagern können (➤ Abb. 2.17).

Tragen auf dem Schoß Das Tragen auf dem Schoß entlastet auch mal die Eltern (➤ Abb. 2.18). Setzen Sie sich Ihr Kind eher seitlich auf den Schoß, umfassen Sie mit einem Arm seine Schultern und halten Sie es am Oberschenkel. Der andere Arm liegt zwischen den Beinen des Kindes und hält es am Becken.

Abb. 2.16 Beidarmiges Tragen aufrecht

2 Der alltägliche Umgang mit dem Säugling

Abb. 2.17 Tragen in Seitenlage

Abb. 2.19 Zugewandtes Tragen

Abb. 2.18 Tragen auf dem Schoß

Auch diese Haltung fördert die unterschiedliche Beinstellung.

Tragen des Kindes mit der Fähigkeit des aktiven Sitzens

Wenn Ihr Kind den Meilenstein Sitzen erreicht hat, braucht es zunehmend weniger Unterstützung beim Tragen. Sie können es so tragen, dass es symmetrisch auf Ihren Unterarmen sitzt (➤ Abb. 2.19). Geben Sie ihm Halt am Po; eventuell müssen Sie es noch am Rücken unterstützen, damit es nicht zusammensackt und seine Wirbelsäule gestaucht wird. Dies ist eine schöne und vertraute Position für Sie und Ihr Kind, Sie können schmusen, sich ausruhen oder in die Augen schauen: „Komm, ich erzähle dir eine Geschichte!"

Spätestens in der Krabbelphase ist Ihr Kind stabil genug, um aufrecht und sicher auf Ihrem Beckenkamm sitzen zu können (➤ Abb. 2.20). Ihr Kind verfügt dann auch über eine ausreichende Rumpfrotation, so dass Sie seine beiden Arme zum Spielen und Hantieren nach vorne bringen können. Das hintere Ärmchen darf nicht eingeklemmt werden, sonst sackt das Kind in sich zusammen und hängt in dieser Haltung fest. Wechseln Sie die Seite, mit der Sie Ihr Kind tragen, und achten Sie auf Ihre eigene Haltung. Versuchen Sie, Ihr Becken nicht zu weit zu der belasteten Seite zu schieben.

Jetzt darf Ihr Kind auch auf Ihren Händen sitzen, denn es kann sich weitgehend selbst stabilisieren (➤ Abb. 2.21). So bekommt es alles mit, was in seiner Umgebung passiert.

2.1.3 Spielen und Füttern

Auch beim Spielen und Füttern ist gutes Handling von großer Bedeutung. Alle Kinder lieben das gemeinsame Spiel. Sie können überall mit Ihrem Kind spielen, auf dem Wickeltisch, auf der Krabbeldecke, auf dem Schoß, im Ringsitz, beim Tragen. Sie können Fingerspiele machen, Singspiele oder Spielzeug anbieten. Sie können sich gemeinsam mit Ihrem Kind bewegen, mit ihm tanzen und toben, wenn es etwas älter ist.

Für den Ringsitz setzen Sie sich auf den Boden und bringen Ihre Fußsohlen so zueinander, dass Ihre Beine einen Ring bilden (➤ Abb. 2.22). Jetzt können Sie das Kind mit seinem Köpfchen in Ihre Füße legen. Füttern, Spielen, Streicheln, Massieren, alles ist in dieser Lage möglich.

Abb. 2.20 Sitz auf dem Beckenkamm

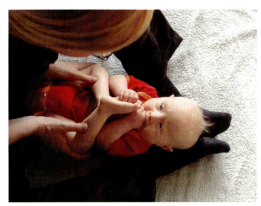
Abb. 2.22 Ringsitz

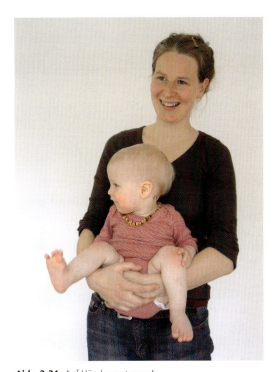
Abb. 2.21 Auf Händen getragen!

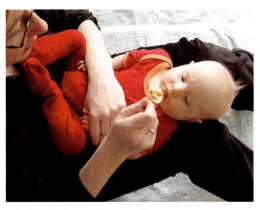
Abb. 2.23 Füttern auf dem Schoß

Auch auf dem Schoß lässt sich das Kind – wenn es noch nicht zu groß ist – gut füttern, an- und ausziehen. Man kann mit ihm schmusen und spielen. Sie können sich auf den Boden setzen, die Füße aufstellen und das Kind auf Ihren Oberschenkeln ablegen (➤ Abb. 2.23). Oder Sie stellen Ihre Füße auf eine Fußbank, dann können Sie bei der Schoßhaltung auch gut auf einem Stuhl oder Sessel sitzen. Wichtig ist auch hier, dass der Kopf des Kindes noch gut auf Ihren Oberschenkeln liegt und nicht nach hinten über Ihre Knie kippt.

Wenn Sie stillen, variieren Sie am besten die Stillpositionen. Machen Sie es sich selbst möglichst bequem, dann entspannt sich auch Ihr Kind. Stillen ist ein individueller Dialog zwischen Mutter und Kind. Es gibt viele geeignete und je nach Bedarf auch exotische Positionen, die hier nicht beschrieben werden; dazu sei auf die einschlägige Literatur verwiesen.

Das Stillen erfordert naturgemäß den Wechsel der Seiten. Sollten Sie Ihr Kind jedoch mit der Flasche füttern, so halten Sie es mal in dem einen, mal in dem anderen Arm, so dass es seinen Kopf nicht immer in dieselbe Richtung wenden muss. Für eine symmetrische Körperhaltung eignet sich das Füttern auf dem Schoß; in der Position kann das Kind auch gut den Brei vom Löffel essen.

Zum Breifüttern verwenden Sie am besten einen flachen Löffel aus Plastik oder Metall, je nachdem, von welchem Löffel Ihr Kind den Brei besser abnimmt. Führen Sie den Löffel gerade in den Mund Ihres Kindes und drücken Sie ihn leicht von oben auf die Zunge. Das Kind muss dann selbst aktiv werden und den Brei mit der Oberlippe vom Löffel nehmen. Auf diese Weise werden die ersten Kaubewegungen des Mundes ausgelöst. Streifen Sie den Brei nicht einfach nur an der Oberlippe des Kindes ab, Sie würden dadurch den Saugreflex weiterhin fördern.

Ab dem 6. Monat kann das Kind normalerweise Mahlbewegungen mit dem Unterkiefer durchführen, d.h. es beginnt zu kauen. Zur Unterstützung dieser Fähigkeit kann man nun den Brei auch mal in die seitlichen Wangentaschen fließen lassen. Das Kind wird nun selbst anfangen zu kauen und mit der Zunge den Brei aus der Wangentasche herausholen. Dann wird der Brei mit der Zunge an den Gaumen gedrückt, anders als beim Saugen, bei dem die Zunge unten bleibt. Dieses aktive Breifüttern fördert die Zungenmotorik, die wiederum eine Voraussetzung für eine gut artikulierte Sprache ist.

Aus demselben Grund können Sie Ihr Kind nach 6 Monaten ganz allmählich an das Trinken aus der Tasse gewöhnen. Die Zunge muss dabei eine Rille für die Flüssigkeit bilden.

Nach dem 1. Lebensjahr sind Nuckelflaschen bzw. Flaschen mit Spezialaufsatz schädlich, da sie die Zahn-, Mund- und Kieferentwicklung negativ beeinflussen. Sie fördern wieder nur das Saugen und nicht die späteren Kau- und Schluckmechanismen. Zudem werden die ersten Zähne durch den Druck des Mundstücks in ihrer Stellung manipuliert. Auch das Kiefergelenk wird ungünstig belastet, da sich der Unterkiefer durch die Saugbewegung ständig nach hinten bewegt und sich unter Umständen ein Überbiss entwickelt. Dies gilt übrigens nicht für das Trinken aus dem Trinkhalm, das ab dem 2. Lebensjahr möglich ist und auf den Mundschluss und die Mundmotorik eher förderlich wirkt.

2.1.4 An- und Ausziehen

Viele Kinder mögen das An- und Ausziehen nicht und beschweren sich lauthals. Auch hier hilft gutes Handling. Nehmen Sie Ihr Kind von Anfang an auf den Schoß und führen Sie die Bewegungen möglichst langsam durch, damit Ihr Kind teilhaben kann (➤ Abb. 2.24). Sprechen Sie mit Ihrem Kind; vielleicht können Sie das Ausziehen auch mit einem Spielchen verbinden. Wenn Sie Ihr Kind beim An- und Ausziehen nicht bloß passiv handhaben, sondern häufig auf die Seiten drehen, erhält es interessante Bewegungsanreize. Durch die vermehrte Berührung nimmt es sich deutlicher wahr, Gleichgewichtssinn und Koordination werden angesprochen.

Zum Handling gehört auch zweckmäßige Kleidung, die den Bewegungsdrang des Kindes nicht behindert:
- Bequeme und praktische Kleidung ist geeignet. In zu großer Kleidung verlieren sich die Kinder. Zu kleine Kleidung ist eng und schnürt ein.
- Strampelhosen eignen sich bis zum 3. Monat, sie schneiden am Bauch nicht ein, da kein Gummizug vorhanden ist. Der Gummizug an Jogginghosen kann unnötige Bauchschmerzen verursachen.

- Bodys, T-Shirts und Pullover sollten einen weiten Halsausschnitt haben, damit sie einfach über den Kopf gezogen werden können. Kapuzen mögen schick aussehen, stören jedoch das Kind. Sie können einen Zug auf den Hals bewirken oder eine unbequeme Unterlage abgeben.
- Steife Kleidung wie Jeans behindern das Kind in seinem Bewegungsdrang und bremsen die motorische Entwicklung aus.
- Mützchen sind in den ersten 3 Monaten auch in der Wohnung sinnvoll, um dem Kind eine Begrenzung am Kopf zu geben. Sie verhindern bei kalter Witterung, dass zuviel Wärme über den Kopf abgegeben wird. Im Sommer schützen sie vor zuviel Sonneneinwirkung.
- Socken sollten locker sitzen und am Bund nicht einschnüren. Aber vielleicht können Sie zumindest in der warmen Jahreszeit auch auf Socken verzichten? Füße und vor allem Zehen sind ein wunderbares Spielzeug für Ihr Kind.
- Schuhe bremsen die Füße in ihrer Entwicklung und ihrem Bewegungsdrang und sind erst dann nötig, wenn das Kind draußen herumläuft.

2.1.5 Wickeln und Baden

Auch Wickeln und Baden gehören zum Handling. Beim Wechseln der Windeln können Sie Ihrem Kind gute Impulse für die Drehbewegung vermitteln. Dazu legen Sie Ihr Kind auf den Rücken und lösen beide Windelstreifen. Dann ergreifen Sie mit Ihrer linken Hand das linke Bein Ihres Kindes, beugen es an

Abb. 2.24 Anziehen auf dem Schoß

Abb. 2.25 Wickeln

und führen es mit dem Knie langsam diagonal zur gegenüberliegenden Schulter (➤ Abb. 2.25). Ihr Kind wird mit seinem Rumpf der Drehbewegung folgen, bis es auf der Seite liegt. So kann die Windel mit der freien Hand unter dem Kind eingeschlagen werden. Drehen Sie Ihr Kind nun über die eingeschlagene Windel zurück auf den Rücken, ergreifen mit rechts sein rechtes Bein und führen die gleichen Bewegungen mit der gleichen Technik auf der anderen Seite durch. Nun ist die Windel frei, kann entfernt werden und Sie können eine frische Windel auf dieselbe Weise anlegen.

So wird mehrmals täglich und von Anfang an die Drehbewegung angebahnt. Zudem werden die empfindlichen Hüftgelenke geschont. Sie bleiben in ihrer Pfanne zentriert, während sie beim herkömmlichen Windelwechsel unnötig nach oben gezogen werden.

BEACHTE
Wenn Sie Ihr Kind nicht auf dem Boden wickeln, sondern auf dem Sofa oder dem Wickeltisch, dürfen Sie es keinen Moment allein lassen, auch wenn es noch sehr klein ist! Schon Neugeborene können sich mit den Füßen abstoßen und über die Unterlage schieben.

Wenn Ihr Kind noch sehr klein ist, können Sie es gut im Handwaschbecken oder auch im Badeeimer baden (➤ Abb. 2.26–2.27). Letzteres will gelernt sein, daher baden Sie Ihr Kind beim ersten Mal am besten zu zweit. Im Badeeimer wird das Baby mit beiden Händen am Kopf gehalten; dabei greift eine Hand von der Seite unter das Kinn, die andere umfasst den Hinterkopf. Damit Sie keinen Zug auf die Halswirbelsäule ausüben, muss so viel Wasser in dem Eimer sein, dass der ganze Körper des Kindes bis zum Hals mit Wasser bedeckt ist. Durch die Auftriebskraft und die Schwerelosigkeit des Wassers wird Ihr Kind eine große Bewegungsvielfalt zeigen: Mit seinen geöffneten Händen kann es sich an der Wand des Badeeimers abstützen, mit seinen Füßen wird es an der Wand hochklettern. Manche Babys halten auch einfach wohlig inne; vielleicht erinnern sie sich an die schwerelose Zeit im warmen Fruchtwasser.

In der Babybadewanne können Sie Ihr Kind auch in der Seitenlage baden. Tauchen Sie es bei richtiger Wassertemperatur (mit Badethermometer prüfen!) langsam in das Wasser ein und halten Sie es immer gut fest. Das Köpfchen darf nie unter Wasser gelangen; Ihr Baby wird nicht mehr baden wollen.

Anders verhält sich dies beim Babyschwimmen. In solchen Kursen darf das Baby tauchen, wenn es Gefallen daran findet. Vor der Tauchübung muss der Atemschlussreflex durch die Übungsleiterin überprüft werden. Dabei gießt sie mit einer kleinen Gießkanne Wasser über den Kopf des Kindes. Wenn das Wasser über sein Gesicht fließt, hält es reflektorisch für kurze Augenblicke die Luft an und schließt evtl. dabei die Augen.

Das Tauchen an sich dauert nur wenige Sekunden und darf nur ausgeführt werden, wenn das Kind dazu bereit ist und der Atemschlussreflex noch vorhanden ist. Ist er – oft ab der 12. Woche – erloschen, sollte das Tauchen nicht mehr durchgeführt werden, da das Kind Wasser einatmen könnte. Aber auch ohne Tauchen stimuliert das Medium Wasser die Bewegung durch eine verstärkte Sinnes- und Körperwahrnehmung. Und vielleicht gibt das Wasser dem

Abb. 2.27 Baden im Badeeimer

Kind auch ein kleines Stück Erinnerung an die Zeit in der Gebärmutter zurück.

2.2 Lagerung

Eltern sind häufig verunsichert, was die Lagerung ihres Babys anbetrifft. Großmütter legten ihre Kinder grundsätzlich auf den Bauch, bis Untersuchungen ergaben, dass auch die Bauchlage ein Risikofaktor für den plötzlichen Kindstod sein kann. Eine Zeitlang wurden Neugeborene abwechselnd in Seitenlage gebettet, was sich wiederum nachteilig auf die Entwicklung der Hüftgelenke auswirken kann. Heute wird im Allgemeinen die Rückenlage als Schlaflage empfohlen und zwar so lange, bis sich das Kind selbständig auf die Seite bzw. auf den Bauch dreht. An die für die Entwicklung so wichtige Bauchlage sollte sich das Kind tagsüber gewöhnen.

2.2.1 Die Rückenlage

Legen Sie Ihr noch kleines Baby zum Schlafen grundsätzlich auf den Rücken. Achten Sie darauf, dass das Bettchen frei von Spielzeug, Kuscheltieren, Kissen und Spucktuch ist, damit die Atemwege frei bleiben. Ihr Kind braucht lediglich eine Decke. Besonders bewegungsfreudige Säuglinge, die sich die Decke über den Kopf ziehen, schlafen in einem Schlafsack.

Damit es nicht zu Asymmetrien des Körpers oder zu Fehlstellungen des Kopfes kommt, drehen Sie das

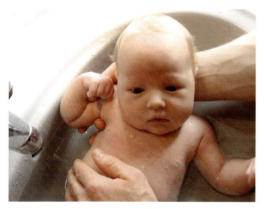

Abb. 2.26 Baden im Handwaschbecken

Bettchen regelmäßig um. Ihr Baby wendet seinen Kopf immer in die Richtung, aus der Stimmen und Licht kommen.

Dem noch kleinen Säugling können Sie tagsüber die Rückenlage im „Nestchen" oder in der „Hängematte" anbieten. Beide Lagerungen eignen sich auch hervorragend für Frühchen, die besonders viel Schutz und Geborgenheit brauchen:

- Für das Nestchen rollen Sie ein großes Handtuch zusammen und legen es kreis- oder hufeisenförmig zurecht. Ein zweites Handtuch breiten Sie flächig darüber. Mit dieser Begrenzung fühlt sich das Neugeborene wohl und geborgen. Im kreisförmigen Nestchen liegt das Kind in Beugehaltung, Kopf und Beine etwas erhöht (➤ Abb. 2.28). Hat das Nestchen die Form eines Hufeisens, können der Kopf oder die Beine auch flach gelagert werden, je nachdem, wie sich Ihr Kind wohler fühlt.
- Für die Hängematte brauchen Sie ein Moltontuch, an dessen vier Ecken Sie Aufhängebänder annähen (➤ Abb. 2.29). Jetzt können Sie das Tuch über dem Bettchen an den Gitterstäben befestigen und Ihr Baby in der Hängematte träumen lassen – bitte nur tagsüber und unter Aufsicht!

Sie können Ihr Kind auch so in eine große, an der Decke befestigte Hängematte hineinlegen, dass das Tuch das ganze Kind umschließt und Licht und Geräusche nur gedämpft zu ihm dringen. Diese Lagerung entspricht der ursprünglichen und natürlichen Haltung im Mutterleib und gibt dem Kind das Gefühl der Geborgenheit, der Festigkeit und der Nachgiebigkeit der Gebärmutter zurück. Im Tuch kann es wie im Mutterleib leicht schwingen, es kann sich entspannen, aber auch seine Beinchen gegen die Tuchwände stemmen und so seine Muskeln trainieren. Auch älteren Kindern macht das Spiel in der Hängematte viel Spaß (➤ Kap. 4.9.2).

Mit einem einfachen Hilfsmittel können Sie Ihr Kind dabei unterstützen, sein Köpfchen in Rückenlage in der Mitte zu halten – vor allem dann, wenn es schon eine Lieblingsseite entwickelt hat (➤ Abb. 2.30). Falten Sie ein Handtuch der Länge nach und rollen Sie es von beiden Seiten ein. Damit die Kanten nicht drücken, drehen Sie es um und legen es so unter den Kopf Ihres Kindes. Dabei bleiben die Schultern frei. Dieselbe Lagerung hält auch im Autositz den Kopf Ihres Kindes stabil in der Mitte (➤ Abb. 2.31).

In der Nacht sollten Sie auf jegliche Lagerungshilfe verzichten, da Sie nicht ständig kontrollieren kön-

Abb. 2.29 „Hängematte"

Abb. 2.28 „Nestchen"

Abb. 2.30 Lagerung des Kopfes in Rückenlage

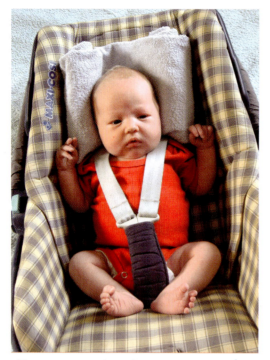

Abb. 2.31 Lagerung des Kopfes im Autositz

nen, ob sich das Material während der Nacht verschiebt und die Atemwege behindert.

In der Rückenlage beginnt Ihr Kind, seine Beine hochzuziehen und mit den Füßen zu spielen. Dadurch kräftigt es seine Bauchmuskeln. Sie können ihm diese Position etwas erleichtern, indem Sie sein Becken mit einem Handtuch oder einem Keilkissen unterlagern. Auf diese Weise liegt der Rücken besser auf und die Beinchen können zum Spielen leichter hochgenommen und gehalten werden.

> **BEACHTE**
> **Die Wippe**
> Die Wippe ist eine Art Schale auf Kufen, in der das Kind in gebeugter Haltung halb sitzt und halb liegt. Es kann gut seine Umwelt beobachten und braucht sich nicht um seine Haltung zu bemühen. Es ist in der Wippe häufig zufriedener als auf der Krabbeldecke, weshalb Eltern dazu neigen, die Wippe als bequemen Aufenthaltsort für das Kind zu nutzen, es darin zu füttern oder ihm Spielzeug zu geben. Die Wippe hat allerdings für die Bewegungsentwicklung des Kindes einige entscheidende Nachteile und ist daher nicht zu empfehlen:
> - Die Wippe schränkt die Bewegungsmöglichkeiten und das freie Spiel des Kindes stark ein, da nur der halbhohe Sitz möglich ist. Das Kind kann sich weder drehen noch stützen. Spielzeug muss ihm gereicht werden. Auf der Krabbeldecke muss es aktiver sein und sich gegen die Schwerkraft behaupten. Es kann Spielzeug erreichen, sich in Bauchlage nach vorn strecken (Anfang des Robbens), um die eigene Achse kreiseln (sog. Pivoting), sich drehen und stützen.
> - Die Wippe bietet im Gegensatz zum Boden keine stabile Unterlage. Dadurch findet das Kind schwerer zu Stabilität und Symmetrie. Bei Müdigkeit droht das Kind halb sitzend in sich zusammenzusacken.
> - In der Wippe werden die Bauchmuskeln nicht aktiv, da das Kind seine Beine nicht anheben und nicht mit seinen Füßen spielen kann. Es stemmt vielmehr, um nicht abzurutschen, seine Füßchen in die Unterlage, drückt seinen Bauch nach vorne weg und überstreckt die Wirbelsäule. Diese Strecktendenz wirkt einer physiologischen Bewegungsentwicklung entgegen.
>
> Die Wippe ist wie die Rückentrage eine Art Sitz. Sie ist daher erst mit der Fähigkeit des aktiven Sitzens wirklich unbedenklich, aber dann möchte das Kind normalerweise ohnehin nicht mehr in der Wippe sitzen.
> Auch der Autositz sollte nur als sicheres Transportmittel im Auto dienen. Sind Sie am Zielort angekommen, legen Sie Ihr Kind besser in den Kinderwagen oder auf die Krabbeldecke.

2.2.2 Die Seitenlage

Die Seitenlage findet Ihr Baby von selbst, sobald seine Rückenlage stabiler geworden ist und es damit beginnt, Knie und Füße zum Bauch hochzuziehen. Es kippt dann automatisch auf die Seite und beginnt, in Seitenlage zu spielen. Das ist bei vielen Kindern ab dem 4. Monat der Fall.

Wenn Ihr Kind diesen Entwicklungsschritt gemeistert hat, wird es sich auch nachts bei Bedarf auf die Seite und später sogar auf den Bauch drehen. Sobald Ihr Kind in der Lage ist, sich selbst in andere Positionen zu bringen, lassen Sie es gewähren. Der Mensch entwickelt schon als Baby individuelle Schlafpositionen, und ein ruhiger, erholsamer Schlaf ist für alle – Kind und Eltern! – entspannend.

Nachdem die Bauchlage als Schlafposition nicht mehr empfohlen wurde, wurde auch für Neugeborene die Seitenlage propagiert. Vor dem 4. Monat wurde der Säugling abwechselnd mal auf die eine, mal auf die andere Seite gebettet. Diese Lagerung hat sich allerdings, wurde sie allzu konsequent durchgeführt, bei manchen Kindern nachteilig auf die Entwicklung der Hüftgelenke ausgewirkt, da diese bis zum 4. Monat noch keinen ausreichenden muskulären Schutz besitzen und Hüftkopf und -pfanne noch nicht hinreichend entwickelt sind. In der Seitenlage rutscht das obere Bein Richtung Unterlage, wodurch das Hüftgelenk nicht mehr zentriert ist.

Wenn man das Baby jedoch in der Seitenlage gut stützt und sie nicht ausschließlich anwendet, bietet sie einige Vorteile. Gegenüber der Bauchlage ist die Gefahr des plötzlichen Kindstodes geringer. Gegenüber der Rückenlage hat sie den Vorteil, dass der Hinterkopf des Kindes nicht zu sehr abflacht und dass Kopf und Körper durch den Wechsel der Seiten seltener Asymmetrien entwickeln.

Wenn Sie Ihr Baby gut auf der Seite lagern möchten, nehmen Sie ein spezielles Lagerungskissen oder formen ein Handtuch zu einer Rolle, die Sie um Ihr Kind herumlegen. Sie beginnen an der Stirn des Kindes, legen die Rolle dann hinter Nacken, Rücken und Po zwischen den Beinchen nach vorne. So fällt das obere Bein nicht nach unten, sondern wird leicht in der Abspreizung gehalten (➤ Abb. 2.32).

Diese Lagerung, bei der das Baby eine Begrenzung wie im Mutterleib erhält, eignet sich auch für Neugeborene und sogar für Frühchen. Viele Neugeborene werden in ihren ersten Lebenswochen ohnehin breit gewickelt, damit die Hüftgelenke sich besser zentrieren können.

Tagsüber können Sie Ihr Kind in eine Position zwischen Rücken- und Seitenlage bringen. Dazu legen Sie eine Körperseite etwas erhöht auf ein Handtuch oder ein Keilkissen. Die unten liegende Hüfte und Schulter werden auf diese Weise nicht so stark belastet.

2.2.3 Die Bauchlage

Früher legte man die Kinder selbstverständlich zum Schlafen auf den Bauch. Untersuchungen zeigten jedoch, dass in Deutschland deutlich mehr Kinder am plötzlichen Kindstod starben als in anderen europäischen Ländern, in denen die Kinder nicht in Bauchlage schliefen. Seit die Kinder nach der Geburt auch bei uns zum Schlafen auf den Rücken gelegt werden, ist die Kindersterblichkeit durch den plötzlichen Kindstod stark zurückgegangen.

Neben der Bauchlage gibt es aber noch etliche weitere Faktoren, die als Risiko für den plötzlichen Kindstod ausgemacht wurden.

BEACHTE
Der plötzliche Kindstod
Er bedroht das Kind ab dem 1. Tag und bleibt im ganzen 1. Lebensjahr real. Deshalb ist auf Folgendes zu achten:
- Legen Sie Ihr Kind zum Schlafen nicht auf den Bauch, sondern auf den Rücken. Auch tagsüber sollten Sie Ihr Kind erst dann ohne Beaufsichtigung auf den Bauch legen, wenn es selbständig den Kopf halten und drehen kann.
- Achten Sie darauf, dass kein Spielzeug, Kuscheltiere, Kissen oder sonstiges Lagerungsmaterial im Bettchen liegen. Wenn Ihr Kind unruhig schläft und Sie Bedenken haben, dass es ganz unter seiner Decke verschwindet, ist ein Schlafsack zu empfehlen.
- Ziehen Sie Ihr Kind nicht zu warm an. Es darf im Nacken nicht schwitzen. Hände und Füße sollten richtig temperiert sein.
- Halten Sie Ihr Baby fern von Tabakrauch. Wenn Sie selbst Raucher sind, vermeiden Sie es, im Beisein Ihres Kindes zu rauchen. Rauchen Sie niemals in der Wohnung!
- Schauen Sie gelegentlich nach Ihrem Kind, wenn es schläft. Es gibt auch Überwachungsgeräte für die Atmung im Bettchen; diese werden evtl. bei Risikokindern eingesetzt.

Abb. 2.32 Lagerung auf der Seite

Legen Sie Ihr Kind zum Schlafen auf den Rücken oder auf die Seite und dulden Sie die Bauchlage in der Nacht erst dann, wenn Ihr Kind diese Lage selbst wählt und sich vom Rücken auf den Bauch dreht.

Tagsüber allerdings sollten Sie Ihr Kind geduldig an die Bauchlage gewöhnen. Lernt ein Kind die Bauchlage nicht von Anfang an, so ist es später sehr schwierig, es an diese Lage zu gewöhnen. Die Kinder tolerieren den Druck auf die zarte Bauchdecke nicht. Oft fällt dann der Satz: „Mein Kind mag die Bauchlage nicht, deshalb lege ich es auf den Rücken." Die Bauchlage ist aber besonders wichtig, denn die allmähliche Symmetrisierung und Aufrichtung des Kindes entwickeln sich aus der Bauchlage heraus (➤ Kap.1.1). Folgen der ständigen Rückenlage auch im Wachzustand des Kindes können Entwicklungsverzögerungen und Asymmetrien sein.

Nach spontanen Geburten wird der Säugling gleich auf den Bauch der Mutter gelegt, wo er ihre Wärme und ihren vertrauten Herzschlag spüren kann. Er fühlt sich in dieser Lage wohl und geborgen. Auch später können Sie sich Ihr Baby immer wieder auf Ihren Bauch legen und gemeinsam Nähe und Geborgenheit genießen. Auf Ihrem Bauch wird Ihr Kind die Bauchlage schätzen, auch wenn es sie sonst nicht toleriert. Sie können singen oder tiefe Töne summen und beobachten, wie das Vibrieren Ihres Brustkorbs Ihr Baby fasziniert.

Auch wenn Ihr Kind beginnt, den Kopf zu heben und zu stützen, liegt es gerne auf Ihrem Bauch, denn Sie beide können sich gut dabei ansehen und Zwiesprache halten. Bei Bedarf stabilisieren Sie den Stütz Ihres Kindes, indem Sie ihm seitlich an den Schultern oder den Unterarmen Halt geben (➤ Abb. 4.35). Diese Lagerung hilft Ihrem Kind auch dann, wenn es in der ersten Zeit seines Lebens unter Koliken leidet.

Andere Möglichkeiten, Ihrem Kind die Bauchlage schmackhaft zu machen, bietet das Keilkissen, auf dem das Kind wie auf einer schiefen Ebene liegen kann (➤ Abb. 4.15), sowie das Tragen im Fliegergriff (➤ Abb. 2.15). Sie können sich Ihr Kind auch in Bauchlage auf den Schoß oder quer über die Oberschenkel legen und ihm leicht den Rücken klopfen; dadurch gewöhnt sich die Bauchdecke an den Druck. Wenn Ihr Kind die Bauchlage schon früh schätzen lernt, wird es auch später gerne auf seiner Krabbeldecke liegen und die Welt in Bauchlage entdecken.

Solange Ihr Kind in der Bauchlage noch nicht selbständig den Kopf drehen kann, sollten Sie darauf achten, dass Ihr Kind abwechselnd auf beiden Wangenseiten liegt, damit es seine Mitte findet. Später, wenn es selbständig seinen Kopf drehen kann, könnte eine ständige Lieblingsseite auf eine Asymmetrie hinweisen.

KAPITEL 3

Die Neugeborenenzeit

3.1 Die ersten Stunden

Die Geburt und die Stunden danach sind ganz und gar außergewöhnlich und eigentlich unbeschreiblich. Ein Kind kommt auf die Welt und holt das erste Mal tief Luft. Es ist in den ersten Stunden häufig wach und aufmerksam und schaut seine neue Umgebung und seine Eltern mit einem Blick an, der schwer zu deuten ist. Vielen Eltern erscheint er weise und wissend. Es ist ein erstes Kennenlernen und gleichzeitig ein Wiedererkennen des kleinen Wesens, das sein Erscheinen seit so vielen Monaten angekündigt hat und mit viel Spannung erwartet wurde.

Das Kind hat den Bauch der Mutter verlassen, wo es warm, dunkel und schwerelos und wo der Herzschlag der Mutter ein vertrauter Rhythmus war. Aus dem Wasser führte der Weg ans Land. Plötzlich ist es hell, laut und kalt und die Schwerkraft zieht an dem kleinen Körper. Das Baby wird auf den Bauch der Mutter gelegt und die Nabelschnur durchtrennt. Das erste Mal riecht das Baby und prägt sich den Geruch seiner Mutter ein. Schon nach wenigen Tagen wird es ihn wiedererkennen! Und Herzschlag und Stimme sind wieder zu hören, in etwas anderer Weise, aber sie vermitteln das Gefühl von Sicherheit und Geborgenheit.

Für ein paar Stunden haben Kind und Eltern alle Anstrengungen der Geburt vergessen. Die Eltern begrüßen ihr Kind, indem sie es von Kopf bis Fuß betrachten, an ihm schnuppern, es bestaunen und sanft streicheln. Häufig sind diese Momente gänzlich ungetrübt und die Eltern erleben, wie sie ihrem Kind von Anfang an ihre ganze Liebe schenken.

Aber es ist durchaus nicht ungewöhnlich, wenn sich die Liebe der Eltern zu ihrem Kind erst nach und nach entwickelt. Das erste Kennenlernen ist ein Geschenk, das sich manchmal ganz anders als erwartet darstellt. Vielleicht war der Geburtsverlauf schwierig oder ein Kaiserschnitt nötig. Vielleicht gab es Spannungen zwischen den werdenden Eltern. Vielleicht gibt auch das Baby Anlass zur Sorge, weil es nicht gesund ist und auf einer anderen Station oder gar in einem weit entfernten Krankenhaus intensiv betreut werden muss. Vielleicht bleibt auch aus gänzlich unerfindlichen Gründen die erwartete Euphorie aus.

Es tut gut, sich vor der Geburt nicht auf allzu idealisierende Vorstellungen einzulassen, sondern ganz offen für die vielen Möglichkeiten der Begegnung zu sein. Die „Liebe auf den ersten Blick" ist nur *eine* Möglichkeit, und zum Glück hängt von ihr nicht der weitere Verlauf der kindlichen Entwicklung ab! Selbst extreme Erfahrungen in den ersten Lebensstunden, z.B. die Verlegung eines Frühchens oder ein erkennbares Handicap, sind langfristig nicht entscheidend für eine gelingende Beziehung zwischen Eltern und Kind. Mit dem allmählichen Kennenlernen, den täglichen Zuwendungen und nicht zuletzt durch die vertrauensselige Hilflosigkeit eines Säuglings entwickelt sich bei den allermeisten Eltern die sprichwörtliche Affenliebe zu ihrem Kind.

Abb. 3.1 Neu geboren!

3.2 Die ersten Tage und Wochen

3.2.1 Kennenlernen und Urvertrauen

Nun beginnt die spannende Zeit des Kennenlernens. Vor allem das erste Kind stellt eine große Herausforderung dar. Alles ist plötzlich anders, der Alltag ist auf den Kopf gestellt. Aus Mann und Frau werden Eltern; Eltern lernen sich als Mutter und Vater kennen. Sie sehen sich einem fremden kleinen Wesen gegenüber, dessen „Sprache" sie erst lernen müssen. Gerade die Anfangszeit ist häufig eine Zeit der Verunsicherung.

Aber Eltern können sich auch auf ihre Intuition verlassen. Sie reagieren auf ihr weinendes Baby intuitiv tröstend und beruhigend, sie wiegen und halten es. Sie erwidern freudig seinen Blick, unterstützen lebhaft seine Ausgelassenheit, senken aber ihre Stimme, wenn es müde wird und schlafen will.

Nun ist ein jedes Kind schon zum Zeitpunkt seiner Geburt ein Individuum mit spezifischem Charakter und mit ganz unterschiedlichen Bedürfnissen. Als Eltern können Sie Ihr Kind ganz in Ruhe kennen lernen und von Tag zu Tag vertrauter mit seinem unbekannten Wesen werden. Nehmen Sie sich möglichst viel Zeit dazu. Die ersten Wochen und Monate sind genau dazu da. Sie dürfen nach Herzenslust verwöhnen, „erziehen" brauchen Sie noch nicht. Erkunden Sie die Bedürfnisse Ihres Babys und machen auch Sie sich ihm zunehmend vertrauter.

Denn so wie Sie Ihr Kind erst kennen lernen, so lernt Ihr Kind Sie kennen. Und nicht nur das! Durch Sie erfährt es auch seine Umwelt; Ihre Zuwendung zeigt ihm, dass es in dieser Welt willkommen ist und geschätzt wird. Die Erfahrungen, die Sie Ihrem Kind in seinen ersten Lebenswochen und -monaten vermitteln, prägen es in hohem Maße und sind erste wichtige Bausteine für sein Urvertrauen, das gleichermaßen Selbstvertrauen und Vertrauen gegenüber den Eltern und der Umwelt mit einschließt. Glücklich die Kinder, die spüren, dass ihre Eltern zuverlässig für sie da sind, sie lieben und ihren Bedürfnissen mit Geduld und Aufmerksamkeit entgegenkommen.

3.2.2 Berührung und Geborgenheit

Das neugeborene Kind hat ein natürliches Bedürfnis nach Ruhe, Sicherheit, Berührung und Geborgenheit. Die meisten Menschen nähern sich einem Säugling intuitiv leise und behutsam, streicheln ihn sanft und sprechen mit beruhigender Stimme.

Genießen Sie die Zeit, in der Ihr Kind ruhig und zufrieden auf der Welt ankommt. Die Geborgenheit, die Sie Ihrem Baby vermitteln, schließt auch Sie selbst mit ein. Treten Sie leise an sein Bettchen und sprechen Sie es an, bevor Sie es aus dem Bett herausnehmen. Schließen Sie Ihr Kind in Ihre Arme, wiegen Sie es sanft, summen oder singen Sie. Auch auf folgende Weise geben Sie Ihrem Kind die Möglichkeit, langsam auf dieser Welt anzukommen und ein Stück der vorgeburtlichen Geborgenheit mitzunehmen:

- Die Känguruh-Methode schafft sehr viel Körperkontakt zwischen Ihnen und Ihrem Baby. Es müssen nicht immer Geruch, Herzschlag und Stimme von der Mutter sein, auch ein älteres Geschwisterkind gewinnt mit etwas Geduld das Vertrauen des Babys (➤ Abb. 3.2). Setzen Sie sich in einen bequemen Sessel oder besser noch einen Schaukelstuhl. Licht und Geräusche sind gedämpft und es ist angenehm warm. Legen Sie sich Ihr Kind, welches nur mit einer Windel bekleidet ist, in Bauchlage auf die bloße Haut Ihres Oberkörpers. Ihr Kind hat sein Köpfchen zur Seite gedreht; Arme und Beine sind angebogen. Umhüllen Sie sich beide mit einer warmen Decke und genießen Sie gemeinsam die intensivere Wahrnehmung durch den direkten Hautkontakt. Diese Haltetechnik stimuliert alle Sinne des Babys. Auch das Stillen ist aus dieser Haltung möglich und fördert die Trinkfähigkeit. Gerade bei Frühchen ist dieser enge Hautkontakt beim Stillen sehr wichtig, da ihr Saugreflex meistens nicht genügend ausgebildet ist. Durch die intensive körperliche Nähe wird er stärker stimuliert und das Kind saugt besser.
- Auch durch das „Pucken" können Sie Ihrem Kind in seinen ersten beiden Lebensmonaten Halt und Geborgenheit vermitteln (➤ Abb. 3.3– 3.5), danach möchte es meist seinem natürlichen Bewegungsdrang nachgeben. Legen Sie Ihr nicht zu warm angezogenes Kind auf eine Baumwolldecke und hüllen Sie es leicht ein. Dabei liegen die Bei-

ne in ihrer natürlichen Beugehaltung. Die Arme werden nicht mit eingehüllt, so dass die Hände Richtung Mund geführt werden können. Wenn Sie den Rücken etwas abstützen, können Sie Ihr Kind auf diese Weise aufrecht tragen. Diese Wickeltragetechnik wird oft bei Frühchen angewandt, um ihnen die Geborgenheit der Gebärmutter ein wenig zurückzugeben. Auch Schreiattacken können durch das Pucken etwas milder ausfallen.

- Mit einem Baumwollmützchen, in den ersten 2 Monaten auch in der Wohnung getragen, spürt Ihr Baby deutlicher seine Körpergrenzen.
- Auch beim Schlafen sollten Sie für Begrenzung sorgen, damit sich Ihr Kind nicht verloren fühlt. Ein Neugeborenes braucht eine Wiege, einen liebevoll eingerichteten Stubenwagen oder ein kleines, höhenverstellbares Bettchen mit Himmel. Ein warmes Lammfell im Babybett bekommt allmählich einen vertrauten Geruch und schafft Geborgenheit.
- Das „Nestchen" und die „Hängematte" wurden oben schon genauer beschrieben (➤ Kap. 2.2.1).

Das Neugeborene ist auf Berührung angewiesen; intuitiv verlangt es danach, getragen, geschaukelt und berührt zu werden. Der in diesem Alter am besten entwickelte Sinn ist der Berührungssinn. Streicheln und Kuscheln werden besonders intensiv wahrgenommen; sie schenken Geborgenheit und stärken die Körperwahrnehmung. Auch eine sanfte Ganzkörpermassage wirkt entspannend und beruhigend auf das Kind und fördert seine Körperwahrnehmung (➤ Kap. 5).

Das Tragen und Bewegtwerden stimuliert das sich gerade entwickelnde Gleichgewichtssystem. Dieses System ist wiederum die Basis für die gesamte motorische Entwicklung und versorgt das Kind darüber hinaus mit wichtigen frühen Sinneserfahrungen. Wichtige Verknüpfungen im Gehirn werden in dieser Zeit ausgebildet. Dadurch erhält das Kind zunächst einmal die richtige Körperhaltung und später dann auch eine gute Bewegungsfähigkeit.

Reize wie Schaukeln, Wärme, Kälte, Gerüche, Druck und Zug, Berührung und Liebkosung gehören zu den so genannten basalen Stimulatoren, durch die alle Basissinne angesprochen werden: Berührungs- und Gleichgewichtssinn, Geruchssinn sowie Saug- und Schluckreaktionen. Schon im Mutterleib werden diese Reize verarbeitet, z.B. das Schaukeln oder das liebevolle Streicheln über den Bauch. Nach der Geburt werden die Grundreize durch gutes Handling, durch Tragen, Baden und Kuscheln ausgelöst. Sie wirken auch auf das so genannte limbische System unseres Gehirns, das für unsere Emotionen verantwortlich ist und eine große Bedeutung für unser Allgemeinempfinden und unser seelisches Gleichgewicht hat. Durch die Stimulation der Basissinne werden neue Vernetzungen im Gehirn angeregt.

3.2.3 Das Schreien

Der erste Schrei ist meistens der Geburtsschrei. Früher wurde er provoziert, heute freudig erwartet.

Für das neugeborene Kind ist das Schreien die einzige Möglichkeit, sich bei Unbehagen zu äußern und auf sich aufmerksam zu machen. Es schreit, wenn es Hunger hat, wenn die nasse Windel stört, wenn es nach dem Trinken nicht ausreichend aufgestoßen hat oder nicht einschlafen kann. Es schreit, wenn ihm Blähungen Schmerzen bereiten. Es schreit aus Übermüdung, Überreizung oder in fremder Umgebung. Es kann auch aus Langeweile schreien, wenn es nicht allein sein und Gesichter sehen will. Wetterfühligkeit und Mondphasen können das Schlafverhalten beeinflussen und zu Unbehagen führen.

Sie brauchen Zeit, um Ihr Kind kennen zu lernen und sein Schreien deuten zu können. Sie werden feststellen, dass Ihr Kind unterschiedlich schreit, je nachdem, welche Ursache dem Unbehagen zugrun-

Abb. 3.2 Känguruh-Methode

3 Die Neugeborenenzeit

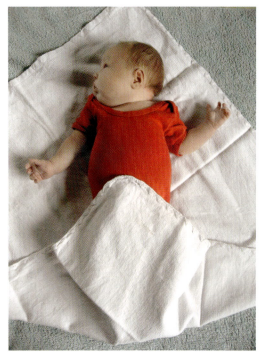

Abb. 3.3–3.5 Pucken

de liegt. Hungergefühl und Schlafbedürfnis hören sich anders an und werden von einem anderen Gesichtsausdruck begleitet. Auch Zeitpunkt und Situation des Schreiens geben Hinweise auf dessen Grund. Sobald Sie die Persönlichkeit Ihres Kindes etwas besser kennen, werden Sie als Eltern bald Experten sein und das Schreien Ihres Kindes richtig interpretieren.

Nicht wenige Babys zeigen allerdings in den ersten Monaten ein unspezifisches Schreiverhalten, auch Dreimonatskolik genannt. Der Verdauungsorganismus ist zu diesem Zeitpunkt noch nicht voll ausgereift und muss sich noch auf das neue Nahrungsangebot einstellen. Die Kinder beginnen nach der 1. Lebenswoche – oft bis zum 3. Lebensmonat – jeden Abend zu schreien. Bei frühgeborenen Kindern beginnt diese Schreiphase erst nach dem errechneten Geburtstermin und dauert entsprechend der zu früh geborenen Wochen länger. So wie alle Kinder unterschiedlich sind, so ist auch diese Schreiphase von Kind zu Kind in Ausmaß und Dauer individuell. Sie beginnt zwischen 17 und 20 Uhr und kann bis 22 oder auch bis nach Mitternacht anhalten. Ausmaß und Lautstärke des Schreiens nehmen meistens bis zur 6. Lebenswoche zu, um bis zum 3. bzw. 4. Monat wieder deutlich abzunehmen.

Für Eltern ist es nicht einfach, die allabendliche Schreiphase gelassen zu überstehen und sich nicht verunsichern zu lassen. Schließen Sie zunächst mögliche Ursachen für das Schreien aus, d.h. hat das Kind Hunger? Bauchschmerzen, Blähungen oder Fieber? Ist es nass oder überreizt und aufgedreht? Ist es zu warm angezogen? Oder handelt es sich um das abendliche unspezifische Schreiverhalten? Wenn das der Fall ist, so ist es keine Lösung, das Kind einfach schreien zu lassen, womöglich beruhigende Medikamente zu geben oder es mit Spielzeug und hektischer Bewegung abzulenken. Die Kinder brauchen vielmehr Halt und Ruhe:

- Versuchen Sie, in der Situation des Schreiens nicht die Beherrschung zu verlieren, sondern selbst ruhig zu bleiben, damit sich Ihre innere Ruhe auf Ihr Kind übertragen kann. Wenn Ihnen genau das schwerfällt, so kann vielleicht auch mal ein anderes Familienmitglied die Aufgabe übernehmen, das Kind zu wiegen und ins Bett zu bringen.
- Schaffen Sie für sich und Ihr Kind eine wohltuende Atmosphäre. Dazu gehört ein abgedunkeltes Zimmer und vor allem Ruhe: kein Radio, kein Fernseher. Vielleicht reicht es dann schon, nur die Hand auf den Bauch des Kindes zu legen oder seine Hände zu halten, während es in seinem Bett liegt. Sprechen Sie leise mit Ihrem Kind oder summen Sie beruhigend. Vielleicht mag es einen Schnuller, seine Hand oder Ihren kleinen Finger zum Saugen.
- Lässt es sich dadurch nicht beruhigen, so legen Sie sich auf den Rücken und legen Sie sich Ihr Kind auf den Bauch. Breiten Sie eine leichte Decke über sich. So können Sie Ihrem Kind Halt geben. Eine weitere Möglichkeit ist es, das Kind bäuchlings im Fliegergriff zu wiegen.
- Nützlich ist auch ein regelmäßiger Tagesablauf, in dem Mahlzeiten, Schlafzeiten, Aktivitäten und Spazierengehen ihren festen Platz haben. Schenken Sie Ihrem Kind zudem während des Tages viel Körperkontakt und Zuwendung; durch eine Studie wurde belegt, dass das Schreien bei diesen Kindern weniger stark ausfällt.

Beunruhigt Sie das abendliche und nächtliche Schreien doch zu sehr, dann suchen Sie bitte Ihren Kinderarzt auf.

3.2.4 Zu früh angekommen?

Manche Babys kommen deutlich vor dem errechneten Geburtstermin zur Welt. Von einem Frühchen spricht man, wenn das Kind vor der 37. Schwangerschaftswoche entbunden wird. Neben der Schwangerschaftswoche spielt das Geburtsgewicht eine wichtige Rolle. Je nach Alter ist das Frühchen mehr oder weniger weit entwickelt. Schon ab der 24. Schwangerschaftswoche, mit einem Geburtsgewicht von 450 Gramm, haben die Kinder eine Überlebenschance, wenn sie intensiv betreut werden.

Verschiedene Ursachen, z.B. eine Mangelversorgung des Kindes, können zu einer Frühgeburt führen. Es kann dann notwendig sein, die Geburt frühzeitig einzuleiten. Oft kommt das Kind per Kaiserschnitt auf die Welt.

Für Kind und Eltern ist dieser Start ins Leben sehr schwer. Die Kinder müssen Wochen bis Monate im Inkubator verbringen, um Komplikationen entgegen zu wirken. Häufig machen Herz, Atmung und Temperaturregelung den Kindern Probleme und müssen intensiv überwacht und stabilisiert werden.

Die zu frühe Geburt ihres Kindes ist für die Eltern mit vielen Ängsten und Sorgen verbunden. Ein Frühchen braucht sehr viel Aufmerksamkeit, Wärme, Ruhe und Geborgenheit. Es benötigt zudem intensiven Körperkontakt zu seinen Eltern, der durch die räumliche Entfernung und die medizinisch notwendige Versorgung häufig erschwert ist. Eltern geraten nicht selten in Konflikte, wenn sie neben ihren sonstigen Verpflichtungen unter Umständen monatelang so häufig es geht zu ihrem Kind möchten.

Sobald das Baby stabil genug ist und nach Hause darf, wird das intensive Zusammensein leichter. Manche Säuglinge finden jetzt sogar noch den Weg an die Brust und holen sich so ihre lebenswichtigen Kuschelstunden. Aber auch unabhängig vom Stillen können Sie Ihrem Baby zu Hause in der Regel mehr Geborgenheit und Nähe schenken als in der Klinik.

Je früher ein Kind auf die Welt kommt, desto mehr fehlt ihm noch die natürliche Beugehaltung des reifen Neugeborenen. Vor der 30. Schwangerschaftswoche sind die Muskeln noch nicht ausreichend ausgebildet, so dass Beine und Wirbelsäule ganz gestreckt sind und die Arme in starker Henkelstellung neben dem Körper liegen. Die Kinder suchen Halt und Orientierung auf der Unterlage und drücken sich regelrecht in sie hinein. Es fällt ihnen dann oft schwer, die Arme und Beine gegen die Schwerkraft anzuheben. Deshalb sollten Frühchen oft umgelagert werden, damit auch sie sich aus der Beugung heraus entwickeln können. Die Arme der Eltern oder auch die Hängematte bieten die notwendige Unterstützung für das zu früh geborene Kind.

Ein Frühchen bedarf auch in den ersten Lebensjahren noch einer besonderen Aufmerksamkeit. Ärztliche Kontrolluntersuchungen finden häufiger statt; und nicht selten ist eine physiotherapeutische Begleitung sinnvoll, weil die Entwicklung des Kindes verzögert abläuft. Die unten beschriebenen Meilensteine der Entwicklung gelten aber auch für zu früh geborene Kinder. Denn Frühchen durchlaufen grundsätzlich dieselbe Entwicklung wie termingerecht geborene Kinder. Es sollte ihnen nur mehr Zeit eingeräumt werden und ihre Entwicklungsbeurteilung sollte sich an ihrem ursprünglichen Geburtstermin orientieren.

3.2.5 „Hauptsache gesund!"

Das ist auch heute noch die gängige Antwort auf die Frage: Mädchen oder Junge? Was aber passiert, wenn sich mit der Geburt herausstellt, dass das Baby nicht gesund ist? Wenn eine Behinderung gleich erkennbar ist, wie häufig bei einer Chromosomenanomalie, oder wenn sich Auffälligkeiten in den ersten Monaten nach der Geburt zeigen?

Ein Kind mit Behinderung so, wie es ist, anzunehmen, das ist immer ein Prozess, den Eltern – und Vater und Mutter nicht selten auf unterschiedliche Weise – nach der Geburt ihres Kindes durchlaufen müssen. Wie schnell dieser Prozess vonstatten geht, ob er nur Tage dauert oder ein Leben lang, ist von vielen Faktoren abhängig, zunächst einmal davon, wie stark und konkret das „Wunschkind" war, das in der Schwangerschaft sozusagen mit heranreifte. Die *Vorstellung* von dem Kind kann das reale Kind auch nach der Geburt noch lange begleiten und beschweren; das gilt ja schon für gesunde Kinder, aber umso mehr für Kinder mit Behinderung.

Wie schnell Eltern ihr Kind in seiner Besonderheit akzeptieren können, hängt weiterhin von den emotionalen Ressourcen der Eltern ab, ihrem gesellschaftlichen Umfeld und ihrer sozialen Unterstützung, ihrer inneren Einstellung und schließlich – aber sicher nicht hauptsächlich – von dem Ausprägungsgrad der Behinderung. Eltern heute entwickeln in den meisten Fällen eine Liebe „auf den zweiten Blick", die in keiner Weise schwächer ausfällt als diejenige zu einem gesunden Kind. Sie sind genauso stolz auf

Abb. 3.6 Geschwister

ihr Kind und freuen sich oft sogar noch intensiver über jeden noch so kleinen Entwicklungsfortschritt.

Sie bekommen ein Kind? Mädchen oder Junge? Hauptsache geliebt!

3.2.6 Merkmale der Neugeborenenzeit

Neugeborene Kinder sind immer asymmetrisch und der Kopf wird immer zur Seite abgelegt. Durch Dreh- und Streckbewegungen des Kopfes während der Geburt können Blockaden in der Halswirbelsäule entstanden sein. Manchmal kommt es auch zu leichten Einblutungen in die Halsmuskulatur. Solche Blockaden und Hämatome lösen sich in der Regel von alleine auf. Das richtige Handling spielt hier eine große Rolle. Eine ständig gleiche Lagerung kann eine Asymmetrie aufrecht erhalten und auf die Dauer zu einer asymmetrischen Kopfform führen; eine Gesichtsseite entwickelt sich schwächer und der Hinterkopf wird einseitig flacher. Die Asymmetrie kann sich dann über den gesamten Körper fortsetzen, z.B. in einen Beckenschiefstand oder eine Knickfußstellung münden.

> **BEACHTE**
> Eine Asymmetrie lässt sich am besten am Hinterkopf des Kindes erkennen, wenn eine einseitige Abflachung besteht und sich der kreisrunde Haarabrieb nicht in der Mitte, sondern seitlich befindet. Spätestens mit 6 Monaten muss jede asymmetrische Haltung verschwunden sein, ansonsten sollte ein erfahrener Arzt hinzugezogen werden.

Damit das Kind in den ersten Wochen und Monaten nach der Geburt seine Mitte findet, achten Sie auf folgende Dinge:
- Ihr Kind sollte sowohl in Rücken- als auch in Bauchlage sein Köpfchen auf beiden Seiten ablegen können.
- Lagern Sie Ihr Kind regelmäßig um. Legen Sie es auf den Rücken, abwechselnd auf beide Seiten und tagsüber auf den Bauch (➤ Kap. 2.2.3). Achten Sie darauf, dass weder Sie noch Ihr Kind eine Lieblingsseite entwickeln.
- Drehen Sie das Bettchen im Zimmer immer mal wieder in eine neue Position, damit das Licht von unterschiedlichen Seiten einfällt und Ihr Kind Ihre Stimme nicht immer von derselben Seite hört. Auf diese Weise nehmen Sie Ihr Kind auch abwechselnd über beide Seiten aus seinem Bettchen auf.
- Wechseln Sie auch beim Tragen die Seiten (➤ Kap. 2.1.2).
- Wenn Sie Spielzeug an das Bettchen hängen, nicht nur eine Seite bevorzugen, sondern die Seiten auch mal abwechseln.
- Variieren Sie die Stillpositionen. Wenn Sie nicht stillen, geben Sie Ihrem Kind die Flasche am besten direkt von vorne. Ihr Kind kann dabei wie bei der Schoßgymnastik auf Ihren Oberschenkeln liegen.
- Im Autositz können Sie das Köpfchen mit einer Handtuchrolle mittig lagern (➤ Abb. 2.31).

Rückenlage

Die Rückenlage des Neugeborenen ist instabil und asymmetrisch. Das Köpfchen wird zur Seite gedreht. Nase, Bauchnabel und Schambein liegen nicht gerade in einer Linie.

Der Säugling führt so genannte Massenbewegungen aus, d.h. er reagiert auf innere und äußere Reize mit unsteten und unsicheren Bewegungen (Holokinese). Dadurch verändert sich ständig die Auflagefläche seines Körpers. Dreht das Kind seinen Kopf, so bewegt sich der ganze Körper mit: Arme, Beine und Kopf können noch nicht unabhängig voneinander bewegt werden (➤ Abb. 3.7).

Der Lage im Uterus entsprechend befinden sich die Gelenke von Armen und Beinen in starker Beugehaltung. Die Arme liegen oft neben dem Körper in einer so genannten Henkelstellung (➤ Abb. 3.8). Die Motorik des Säuglings ist im ersten Monat stark von Reflexaktivitäten geprägt, angeborenen Bewegungsmustern, die unwillkürlich ausgelöst werden. Dazu gehört insbesondere der Moro-Reflex (➤ Abb. 3.13).

Bauchlage

Die Bauchlage ist wie die Rückenlage noch instabil und asymmetrisch und ebenfalls von Massenbewe-

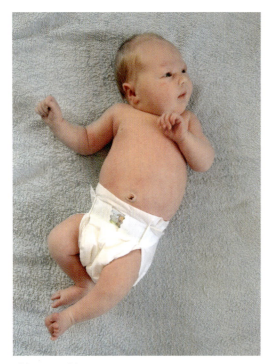

Abb. 3.7 Holokinese

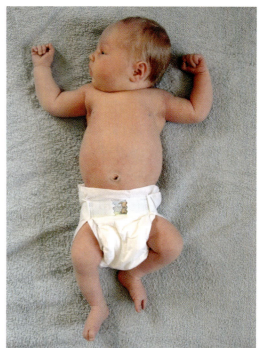

Abb. 3.8 Instabile Rückenlage, Henkelstellung

gungen geprägt (➤ Abb. 3.9). Der Körperschwerpunkt befindet sich kopfwärts; die Stützbasis liegt zwischen Brustbein und Jochbein bzw. derjenigen Wangenseite, auf der das Kind liegt. Das Neugeborene liegt gerne in der so genannten Beugehaltung, d.h. die Brustwirbelsäule ist gebeugt, während Hals- und Lendenwirbelsäule überstreckt sind. Die Hüftgelenke sind noch so stark angebeugt, dass das Becken nicht flach auf der Unterlage liegen kann.

Im Nacken und Rücken befinden sich Querfalten, so genannte Fischgräten. Die Beine liegen angewinkelt seitlich neben dem Becken und die Arme liegen nah am Körper an. Dabei befinden sich die Hände in Schulterhöhe. Später in der Entwicklung werden die Hände kopfwärts wandern. Das Kind kann sich noch nicht auf seinen Ärmchen abstützen und besitzt noch keine Kopfkontrolle. Deshalb ist das Wechseln des Köpfchens von der einen auf die andere Seite noch ein Rollen über das Kinn und noch kein Anheben bzw. Drehen des Kopfes. Das Kopfwenden des Neugeborenen geschieht durch Seitneigung des ganzen Körpers und gleichzeitigem Kopfüberstrecken.

In den ersten Wochen führt das Kind auf dem Bauch reflektorische Kriechbewegungen aus. Es

Abb. 3.9 Instabile Bauchlage

drückt sich in die Unterlage hinein und schiebt sich mit Hilfe seiner Großzehen nach vorne. Viele Eltern sind begeistert und meinen, ihr Kind könne schon krabbeln. Jedoch verliert sich diese Fähigkeit bald wieder und das Krabbeln muss neu erlernt werden.

Hand- und Fußentwicklung

Die Hände sind locker gefaustet, wobei die Daumen in die Handinnenfläche eingeschlagen werden. Es besteht anfänglich immer der Greifreflex in Hand und Fuß, der sich aber mit jedem Lebenstag zunehmend abschwächt. Dadurch kann das Kind seine Hände und Füße entdecken.

Reflexe

Das Neugeborene zeigt typische Bewegungsmuster, die von primären Reflexen geprägt werden. Diese frühkindlichen Reflexe, z.B. der Saugreflex, sichern das Überleben des Kindes. Sie müssen nach der Geburt in einer bestimmten Stärke vorhanden sein.

Die frühen Reflexe werden auf der Hirnstammebene verschaltet und sind Zeichen für die Unreife des Zentralen Nervensystems. Erst mit dessen Reifung bauen sich die primären Reflexe ab und ermöglichen dem Kind ein differenzierteres Bewegungsverhalten.

Jeder primäre Reflex hat eine lebenswichtige Funktion und eine so genannte Waltezeit, in der er ausgelöst werden kann. Bleibt er darüber hinaus bestehen, ist er pathologisch und behindert die weitere Entwicklung des Kindes. Die Stärke eines Reflexes sowie sein allmählicher Abbau können dem Arzt zeigen, ob das Kind sich physiologisch entwickelt. Zu den wichtigsten Reflexen gehören folgende:

- der Gehautomatismus: Das Kind wird schräg aufrecht über einer Unterlage gehalten, dabei beginnen die Beine mit einer Schreitbewegung. Der Reflex ist bis zur 6. Woche abgebaut.
- das Puppenaugenphänomen: Die Augen drehen mit dem Kopf mit, sie können noch nicht selektiv bewegt werden. Wenn der Reflex nach der 6. Woche bestehen bleibt, verhindert er das optische Fixieren v.a. von bewegten Gegenständen.
- der Such- und Saugreflex: Berührt man die Wange des Kindes mit dem Finger, wendet das Kind seinen Kopf in die entsprechende Richtung und beginnt, an dem Finger zu saugen (➤ Abb. 3.10). Er ist von Anfang an stark da und wird bis zum 3. Monat abgebaut.
- der Greifreflex der Hände: Ein Gegenstand wird von außen in die Hand gelegt, die Hand fasst zu (➤ Abb. 3.11). Er muss bis zum 3. Monat abgebaut sein, damit ein selektives Greifen stattfinden kann.
- der Greifreflex der Füße: Bei Berührung der Fußsohle beugen sich die Zehen (➤ Abb. 3.12). Der Reflex wird bis zur Stützfunktion des Fußes mit 10–15 Monaten abgebaut. Danach beeinträchtigt er die Steh- und Gehfähigkeit des Kindes.
- der Moro-Reflex: Beim Erschrecken (z.B. durch kurzen Zug an der Unterlage) fahren die Arme zunächst auseinander (1. Phase, ➤ Abb. 3.13), dann wieder zu einer Art Umklammerung nach vorne (2. Phase). Dieser Reflex wird in der Regel bis zum 6. Monat abgebaut. Danach behindert er die Abstützreaktion der Arme (➤ Kap. 4.6.1).

Drei Reflexe entwickeln sich deutlich nach der Geburt; sie schützen uns dann aber das ganze Leben lang: die so genannte Sprungbereitschaft, der Optikofazialis- und der Akustikofazialis-Reflex (➤ Kap. 4.6.1).

Sonstige Fähigkeiten

Trinken Der Saugreflex sichert das Überleben des Kindes. Er ist unterschiedlich stark ausgeprägt. Das Kind trinkt und saugt besser, wenn es einen Finger

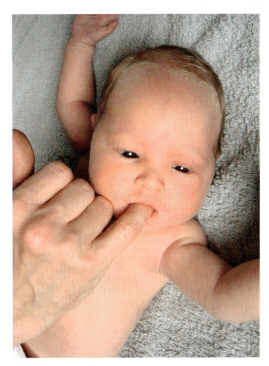

Abb. 3.10 Saugreflex

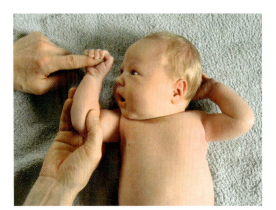

Abb. 3.11 Greifreflex der Hände

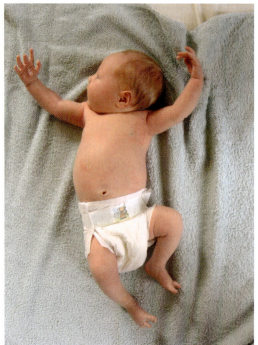

Abb. 3.13 Moro-Reflex

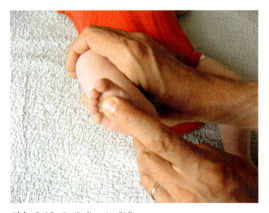

Abb. 3.12 Greifreflex der Füße

von Ihnen festhält, da Mund- und Greifmotorik sich gegenseitig verstärken. Um die Trink- und Saugfähigkeit Ihres Kindes anzuregen, können Sie seine Gesichtszüge sanft ausstreichen, mit beiden Zeigefingern sanft den Mund des Kindes umkreisen und rechts und links an der Nasenlinie entlang streicheln.

Sehen Nach der Geburt sieht das Neugeborene verschwommen wie durch Milchglas. Es orientiert sich am Licht und wendet sein Köpfchen der Lichtquelle zu.

Neugeborene haben ein angeborenes Interesse am menschlichen Gesicht, sie nehmen es allerdings noch verschwommen wahr. Spätestens vier Wochen nach der Geburt kann Ihr Baby Ihr Gesicht kurz mit den Augen fixieren, wenn Sie sich ihm auf ca. 20 cm nähern. Vielleicht werden Sie mit einem kurzen „Engelslächeln" belohnt. Dies ist noch keine willkürliche Reaktion des Kindes – aber wunderschön.

Hören Sofort nach der Geburt erkennt das Baby die Stimmen, die es häufig im Mutterleib gehört hat. Singen Sie, was Sie schon in der Schwangerschaft gesungen haben, und Ihr Kind wird sich erinnern! Wenn Sie Ihr Kind ansprechen, wird es sich Ihnen zuwenden und Sie anschauen. Allerdings ermüdet es noch schnell dabei und wendet den Blick dann wieder von Ihnen ab.

Auf laute Geräusche reagieren Neugeborene sehr schreckhaft mit lautem Schreien oder Weinen. Weil es Ihre Stimme schon kennt, können Sie es mit sanften Worten oder einem Lied schnell wieder beruhigen.

Riechen Das Baby kommt schon mit einem gut entwickelten Geruchssinn auf die Welt. Durch intensiven Hautkontakt erkennt es den Geruch der Mutter bereits nach wenigen Lebenstagen.

Sprache Der „Sprachausdruck" des Neugeborenen ist der Schrei. Das Schreien des Säuglings hat entsprechend viele Bedeutungen: Hunger, Müdigkeit, Kälte usf. Im Laufe der nächsten drei Monate drückt sich der Säugling nuancierter aus: Er beginnt zu lautieren; häufig überwiegen die Laute mit den Vokalen A und O.

Tastsinn Der Tastsinn ist mit der Geburt weitgehend ausgebildet. Er ist unabdingbar für die Entwicklung des Kindes, denn durch großflächigen Körperkontakt, Getragenwerden und Schmusen nimmt Ihr Kind seine Umwelt wahr und erfährt sich selbst.

Sozialverhalten Alle genannten Sinne – Sehen, Hören, Riechen und Tasten – dienen von Geburt an der Kontaktaufnahme. Ein menschliches Gesicht fasziniert den Säugling, der mit seinen Augen von Tag zu Tag etwas länger fixieren kann. Bekannte Stimmen prägt er sich ein. Er braucht viel Körperkontakt, wodurch er sich an die Eltern und gleichzeitig die Eltern an sich bindet.

3.2.7 Anregungen für Spiel und Bewegung

Abb. 3.15 Führen Sie die Finger Ihres Kindes zu seinem Mund und lassen Sie es daran saugen, das fördert die Saug- und Trinkfähigkeit. Außerdem wird die Hand-Mund-Koordination angebahnt.

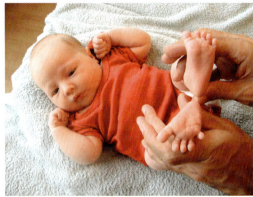

Abb. 3.16 Machen Sie Ihr Baby von Anfang an mit seinen Füßen vertraut, dazu verzichten Sie am besten auf Socken! Auf diese Weise greifen Sie immer wieder an die nackten Füße Ihres Kindes, halten und „bearbeiten" sie. Bewegte Füße kühlen nicht aus und entwickeln sich auf natürliche Weise.

Abb. 3.14 Legen Sie Ihr Kind in das Nestchen, hier fühlt es sich geborgen (➤ Abb. 2.28). Neigen Sie sich Ihrem Kind entgegen und versuchen Sie seinen Blick zu binden. Damit es Sie in diesem Alter gut erkennen kann, nähern Sie sich seinem Gesicht bis auf 20 cm. Sprechen Sie es an oder singen Sie ihm ein vielleicht schon aus der Schwangerschaft bekanntes Lied vor. Versuchen Sie, Ihr Kind immer aus der Richtung der Füße, also schräg von vorne und nicht senkrecht von oben anzusprechen.

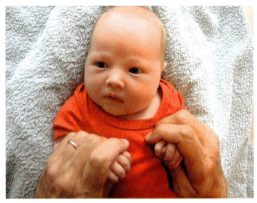

Abb. 3.17 Für die Hände gilt dasselbe! Fester Halt vor dem Einschlafen wirkt beruhigend, leichtes Klopfen und Reiben hat einen belebenden Einfluss.

Abb. 3.18 Bei einem aufgeregten oder schreienden Kind können Sie Folgendes ausprobieren: Legen Sie eine Hand unter den Kopf des Kindes und die andere unter sein Becken. Stellen Sie sich vor, Sie würden Ihr Kind mit einer kaum sichtbaren Bewegung in den Schlaf schaukeln.

Abb. 3.19 Oder Sie legen eine Hand unter das Becken und die andere auf das Becken Ihres Kindes und führen mit der oberen Hand kleine, langsame und kaum sichtbare Bewegungen nach rechts und links durch. Die feinen Schwingungen können Ihr Kind beruhigen.

Abb. 3.20 „Das bist du!" Streicheln Sie Ihr Baby mit beiden Händen langsam über Brust und Bauch.

Abb. 3.21 Oder streicheln Sie ihm über den Rücken, vom Kopf bis zum Po. Das tut gut und wirkt besonders beruhigend. So lernt Ihr Baby die oft ungeliebte Bauchlage schätzen.

3.2 Die ersten Tage und Wochen

Abb. 3.22 Babys reagieren gut auf energetische Reize. Sie können ausprobieren, ob der so genannte Kleine Kreislauf aus der chinesischen Energie- und Akupunkturlehre ausgleichend auf Ihr Kind wirkt. Er besteht aus zwei wichtigen Hauptbahnen des Energiesystems: Die große Yin-Bahn versorgt die Vorderseite, die große Yang-Bahn die Rückseite des Körpers. Legen Sie Ihr Kind auf die Seite und streichen Sie mit dem sanften Druck einer Ihrer Fingerspitzen mittig auf der Bauchseite 2–3-mal vom Schritt bis zur Unterlippe.

Abb. 3.23 Dann streichen Sie auf der Rückseite Ihres Kindes mittig die Yang-Bahn entlang, 2–3-mal vom Po über den Rücken, den Kopf, die Nase, bis zur Oberlippe. Beide Seiten, Bauch- und Rückseite, werden 2–3-mal gezogen. Damit können Sie auf die Eigenregulation und den Spannungsausgleich Ihres Kindes einwirken. Träge Kinder werden eher munter, unruhige Kinder ausgeglichen. Dadurch verringern sich auch häufig Bauchschmerzen sowie Einschlaf- und Durchschlafprobleme. Die Wirkung verstärkt sich, wenn der Kleine Kreislauf regelmäßig durchgeführt wird.

Abb. 3.24 Berühren Sie mit sehr leichtem Druck die Stirn über der Nasenwurzel. Halten Sie diesen Punkt für 2–3 Augenblicke. Er wirkt stärkend und sammelnd.

Abb. 3.25 Sie können auch das Lippengrübchen unterhalb der Nase für einen kurzen Moment sanft drücken. Dieser Punkt wirkt entspannend und sorgt für den inneren Ausgleich.

KAPITEL 4

Die zwölf Meilensteine der kindlichen Entwicklung: Spiel- und Bewegungsanregungen

Spielen – wie geht das überhaupt?

Alle Kinder, die sich wohl und gesund fühlen, spielen. Sie spielen mit Hingabe, Neugier und Konzentration. Sie entdecken spielerisch die Welt. Sie erweitern ihr Bewegungsrepertoire; Stützen, Drehen, Krabbeln und Laufen werden zunächst spielerisch entdeckt und erst danach zweckgerichtet eingesetzt. Der Sinn des Spielens liegt im Spiel selbst.

Gleichwohl hat das Spiel einen Zweck, denn es ist das Medium, über das ein Kind die Welt begreift, seine Eindrücke verarbeiten und lebenspraktische Fertigkeiten erproben kann. Spielen ist für Kinder anders als für Erwachsene kein entspannender Zeitvertreib; Spielen ist unverzichtbare Erfahrung auf dem Weg der kindlichen Entwicklung. Diese spezifische Art des Spielens haben Erwachsene in den meisten Fällen verlernt.

So wie sich die motorischen Fertigkeiten zwischen gleichaltrigen Kindern unterscheiden, so verschieden sind ihre Vorlieben beim Spielen. Manche Kinder haben einen starken Bewegungsdrang, drehen und rollen sich, kaum dass sie es können, überallhin. Andere bleiben länger an Ort und Stelle und beschäftigen sich hingebungsvoll mit kleinen Fusseln auf dem Boden. Manche Kinder lassen sich gerne bedienen und schreien, wenn das Spielzeug nur ein wenig außerhalb ihrer Reichweite liegt. Andere lassen nichts unversucht, um das Spielzeug zu erreichen. Es gibt Kinder, die mutig und voller Tatendrang sind, oder solche, die sich eher vorsichtig und abwartend verhalten und zunächst beobachten. Manche Kinder spielen ausdauernd allein, andere brauchen einen Spielpartner.

Was allerdings das *Spielverhalten* anbetrifft, so besteht eine gesetzmäßige Reihenfolge, die für alle Kinder gilt, denn auch im Spiel drückt sich der Entwicklungsstand des Kindes aus:

- In den ersten Monaten ist der Säugling noch nicht in der Lage, seinen Körper zielbewusst einzusetzen, um nach Spielzeug zu greifen. Aber er „spielt" von Anfang an das soziale Spiel; er spielt mit den Augen, der Mimik, der Stimme, er reagiert lebhaft auf die Ansprache der Eltern. Das Kind lernt zu fixieren; es liebt Gesichter und wendet sich Licht und Stimmen zu. Dieses soziale Spielen, mit dem das Spielverhalten unmittelbar nach der Geburt beginnt, bleibt ein Anliegen des Kindes. Kein Spielzeug der Welt kann ein mitspielendes Gegenüber ersetzen. Das gemeinsame Spiel, sei es mit Eltern oder anderen Kindern, wird über Jahre in unterschiedlich starkem Ausmaß mit Freude quittiert und regelmäßig eingefordert.
- Noch bis zum 3. Monat ist das eigentliche Spielzeug wenig interessant. Der Säugling erforscht spielerisch seinen eigenen Körper und dessen Grenzen, er fühlt sich, tastet sich ab und spielt mit seinen Händen. Jede Berührung, die Sie ihm schenken, macht ihn mit sich selbst vertrauter.
- Bei normal entwickelten Kindern beginnt im 4. Monat das Greifen nach Gegenständen. Das Kind führt sie zum Mund und erkundet sie mit Lippen und Zunge. Das orale Erkunden bleibt bis zum 8. Monat vorrangig.
- Das manuelle Erkunden setzt einige Wochen später als das orale ein und ist typisch für das 2. Lebenshalbjahr. Jetzt werden Gegenstände nach Form, Größe und Beschaffenheit zusätzlich mit den Händen untersucht. Das Kind bewegt Spielzeug durch die Luft, schlägt es auf die Unterlage und wirft es dann auf den Boden.
- Mit 8–9 Monaten beginnt das Kind, Gegenstände ausgiebig zu betrachten. Je nach Bekanntheitsgrad können die Dinge dann auch abwechselnd betrachtet, ertastet und in den Mund gesteckt werden. Mit dem visuellen Erkunden beginnen sich Kinder auch für den Inhalt von Bilderbüchern zu interessieren.

- In dieser Zeit hat sich das Kurzzeitgedächtnis des Kindes so weit entwickelt, dass es heruntergefallenen Gegenständen nachschaut. Es weiß nun, dass das Spielzeug nicht weg ist, nur weil es nicht mehr zu sehen ist. Neben dem Wegwerf-Spiel entdeckt es ganz neue Spiele: Es sucht Gegenstände unter Tüchern, sucht den Vater hinter dem Rücken der Mutter, lässt Dinge in Dosen verschwinden und holt sie wieder hervor.
- Mit ungefähr 9 Monaten beginnen auch die Mittel-zum-Zweck-Spiele. Das Kind erfasst die Auswirkungen seiner Handlungen. Es begreift, dass die Ente sich nähert, wenn es an der Schnur zieht, oder dass die Lampe auf Knopfdruck leuchtet.
- Etwas später lassen sich die So-tun-als-ob-Spiele beobachten. Das Kind beginnt, einfache Handlungen bewusst nachzuahmen und mit Gegenständen funktionsgemäß umzugehen: Es rührt in Töpfen und „kocht", es hält sich das Telefon ans Ohr und „telefoniert". Erst im 2. Lebensjahr können Gegenstände bewusst umfunktioniert und als Symbol benutzt werden, dann kann ein Stock als „Staubsauger" dienen und das Kind brummt dazu.

Die Bedeutung der Nachahmung für das Spielverhalten des Kindes ist immens. Schon unmittelbar nach der Geburt ist der Säugling in der Lage, die Mimik der Eltern intuitiv zu imitieren. Die spezifischen Laute einer Sprache ahmt es unverkennbar bis zu ihrem perfekten Gebrauch nach. Auch einfache Handlungen, z.B. der Gebrauch von Gegenständen sowie komplexe Verhaltensweisen werden beobachtet und nachgeahmt. Soziale Kompetenzen werden ausschließlich über die Nachahmung erworben.

Schon ab dem 3. Monat ist es für Kinder interessant, mit gleichaltrigen Kindern in einer Gruppe zusammen zu sein, um sich gegenseitig zu beobachten. Später ist es auch sinnvoll, wenn ein wenig ältere Kinder zum Spielen da sind. Die Kleinen „stehlen" gerne mit den Augen von ihren größeren Geschwistern. Kurze Zeit nach dem gemeinsamen Spiel kann es passieren, dass das Kind, welches zuvor noch nicht gekrabbelt ist, plötzlich den Meilenstein Krabbeln erobert. Oder es schaut interessiert zu, wie größere Kinder mit Bausteinen einen Turm bauen. Ist das Kind dann alleine und in dem entsprechenden Alter, wird es versuchen, den Turm nachzubauen.

Welches Spielzeug ist sinnvoll?

Jeder Gegenstand, der für das Kind interessant ist, ist ein Spielzeug. Dazu zählt nicht nur das typische Kinderspielzeug. Kinder sind von solchen Dingen am meisten fasziniert, mit denen Sie als Erwachsener hantieren, wie Schlüsselbund, Brille, Zeitung, Telefon oder Kochtopf. Gerade solche Gegenstände des Alltags werden mit Vehemenz gefordert und erforscht.

Da Kinder die Gefahrenquellen noch nicht kennen, müssen Sie das Spielzeug Ihres Kindes auf seine Gefährlichkeit überprüfen. Spitze Gegenstände könnten Ihr Kind verletzen und sollten nicht in seiner Nähe liegen. Zu kleine Dinge, wie Münzen oder Nüsse, können beim Verschlucken eine Erstickungsgefahr bedeuten. Kugelschreiber und Ähnliches können Augenverletzungen verursachen.

Geeignetes Spielzeug weist sich dadurch aus, dass es groß genug, ungiftig, nicht zerbrechlich ist und keine spitzen Kanten hat. Außerdem sollte das Material speichelfest sein und nicht abfärben. Spielzeug muss nicht unbedingt für Kinder ausgewiesen und mit GS-Siegel versehen sein. Es lässt sich dem Alter und den Interessen des Kindes gemäß leicht herstellen. Als Spielzeug dienen nicht nur Gegenstände aus dem Haushalt; besonders viele Spielmöglichkeiten bieten Materialien aus der Natur, Holzstücke, deren Oberflächen Sie etwas abschleifen können, Kastanien zum Füllen und Leeren von Dosen und Eimern. Und nicht zuletzt Wasser, Sand und Erde!

Mit dem Krabbelalter genießen die meisten Kinder das Matschen mit Erde, Wasser und Steinen. Lassen Sie Ihr Kind gewähren, lassen Sie es mal so richtig dreckig und glücklich sein. Vielleicht mögen Sie sogar mitspielen! Ein bisschen Dreck tut gut; Kinder, die auf einem Bauernhof aufwachsen, leiden deutlich seltener als Stadtkinder an Asthma, Heuschnupfen oder anderen Allergien.

Geeignetes Spielzeug im 1. Lebenshalbjahr

In den ersten Wochen reichen dem Kind Dinge, die es wiedererkennt und die ihm das Gefühl geben, geborgen zu sein. Dazu gehört die Spieluhr am Bett, deren Melodie es vielleicht schon im Mutterleib vernommen hat. Zudem ein Schmusetuch, eine Stoffpuppe oder ein Plüschtier, die allmählich einen ver-

4 Die zwölf Meilensteine der kindlichen Entwicklung: Spiel- und Bewegungsanregungen

trauten Geruch annehmen. Auch schon bald nach der Geburt können Sie ein Mobile über dem Bett anbringen, das Ihr Kind jeden Abend beobachten kann (> Kap. 4.1.2).

Wenn das Kind beginnt, sich für Gegenstände zu interessieren und nach ihnen zu greifen, eignen sich folgende Spielmaterialien besonders:

- Greifring oder Beißring
- Rassel, z.B. kleine durchsichtige Filmdose mit bunten Perlen, fest verschlossen und verklebt
- Quietschtier
- Gummibilderbuch, auch beim Baden
- feste Perlenkette bzw. Beißperlenschnur
- Knisterpapier. Geeignet ist Folie aus dem Verbandskasten. Sie können auch Butterbrotpapier verwenden, ein Päckchen Papiertaschentücher oder andere kleine Folientütchen aus der Küche. Achten Sie darauf, dass evtl. abgerissene Stückchen nicht verschluckt werden können.
- ungefährliche Küchenutensilien, z.B. Schneebesen oder Siebe
- Wasserball
- Erlebnistuch (> Abb. 4.137). Das Erlebnistuch lässt sich leicht selbst herstellen. Auf ein kleines Gästehandtuch werden verschiedene Materialien aufgenäht, bunte Bänder, Reißverschlüsse, große Knöpfe, Glöckchen und verschiedene Stoffreste. Alles muss sehr fest vernäht sein, damit das Kind nichts abreißen und verschlucken kann. Das Kind entdeckt seine Umwelt spielerisch und mit allen Möglichkeiten seiner Wahrnehmung, es fühlt, tastet, schmeckt, riecht, hört und sieht; durch das Erlebnistuch werden alle Sinne Ihres Kindes sensibilisiert und gefördert. Erst aus der Wahrnehmung – aus der Neugier – entstehen neue Bewegungsimpulse.
- Babyschwimmbad. Ein kleines handelsübliches Babyschwimmbecken – eventuell mit Bällen gefüllt – macht dem Kind viel Freude. Es fördert zudem das Gleichgewicht.

Babys lieben Gesang. Auch wenn Sie zu den vielen Menschen gehören, die von sich glauben, nicht singen zu können, erfreuen Sie Ihr Kind trotzdem mit Ihrer Singstimme! Oder spielen Sie ihm leise klassische Musik vor; im Handel gibt es extra CDs mit klassischer Musik für Kinder.

> **BEACHTE**
> **Weniger ist mehr!**
> Überfrachten Sie Ihr Kind nicht mit Spielzeug, bieten Sie es ihm besser einzeln an. So lernt es, sich auf eine Sache zu konzentrieren. Zu viel Spielzeug auf einmal lässt den Blick für das Wesentliche nicht zu. Lassen Sie Spielzeug auch mal für einige Zeit „verschwinden", dann wird es später wieder viel interessanter sein.

Geeignetes Spielzeug im 2. Lebenshalbjahr

Materialien zum Fühlen und Vergleichen sind nach wie vor interessant, z.B. verschiedene Putzschwämme und Bürsten, Naturholzstücke mit Rinde in verschiedenen Größen. Form (Dreieck, Viereck, Kugel), Farbe (Rot, Blau, Gelb, Grün), Gewicht (leicht bis schwer) und Oberflächenbeschaffenheit (rau bis glatt, weich bis hart) werden genau differenziert. Mit dem Pinzetten- und Zangengriff wird das Greifen zunehmend präziser. Sie dürfen kreativ sein und basteln:

- Nehmen Sie z.B. bunte Holzbausteine und versehen Sie eine ihrer Seiten mit verschiedenen Oberflächen. Bekleben Sie sie mit Samt, Wellpappe, Fell, Metall, Plastik, Federn, Moos oder auch einer Steinmatte (aus dem Aquariumbereich). Den gleichen Materialmix können Sie auch auf ein Holzbrett kleben und Ihrem Kind als Fühlbrett anbieten.
- Selbst genähte Stoffsäckchen eignen sich hervorragend zum Befühlen, wenn Sie sie mit unterschiedlichen Dingen füllen, mit Steinen, Holz, Knöpfen, Kirschkernen, einem kleinen Auto usf. Auch sehr kleine Dinge wie Reis oder Erbsen können Sie so verpackt gefahrlos Ihrem Kind zum Spielen reichen.
- Rasseln machen Krach und Spaß; sie schulen das differenzierte Hören: Füllen Sie kleine Dosen mit Kirschkernen, Reis, Linsen oder Steinen und verschließen Sie sie gut, bevor Sie sie Ihrem neugierigen Kind überlassen.

Das Spiel wird im 2. Lebenshalbjahr zudem komplexer. Beschaffenheit, Form und Größe eines Spielzeugs werden schneller erfasst. Das Kind erkundet nun auch die Möglichkeiten eines Spielzeugs und erkennt, dass sich Becher ineinander stellen oder Dinge in Dosen füllen lassen.

Außerdem entwickeln sich zunehmend sein Kurzzeitgedächtnis und damit seine Merkfähigkeit. Die Fähigkeit, heruntergefallenen Dingen hinterher zu schauen oder Dinge zu suchen, die unter einem Tuch „verschwunden" sind, wird Objektpermanenz genannt und zeigt sich in der Regel nach dem 8. Monat. Folgendes Spielzeug eignet sich im 2. Lebenshalbjahr besonders:

- Becher und Bauklötze
- Schüsseln mit Löffeln zum Rühren oder auch zum Krachmachen
- Plastikflaschen mit Schließverschlüssen
- Dosen mit Kastanien zum Einfüllen und Ausleeren
- Papprolle, um Kugeln oder Bälle hindurchrollen zu lassen
- Kugelbahn mit großen Kugeln
- eine schräge Ebene, um Bälle oder Autos hinunterrollen zu lassen
- Klangschalen, Klangstäbe oder Tamburin zum Musikmachen
- eine eigene Schublade im Wohnzimmer zum Ein- und Ausräumen
- Seidentücher für die Wahrnehmung, zum Versteckspielen und für das „Guck-Guck-Spiel"
- Steckspiel, möglicherweise auch selbst gemacht: Schneiden Sie in einen Schuhkarton verschieden große Öffnungen, damit Ihr Kind Gegenstände hineinwerfen kann.

Aber vergessen Sie auch nicht die „großen" Bewegungsspiele Ihres Kindes. Im Haus liebt es Matratzen und Polster zum Toben oder auch ein Schrägbrett, einen Koffer oder kleinen Hocker zum Klettern in den Phasen der Aufrichtung. Draußen kann es seinem Bewegungsdrang am besten nachgehen, sich auf Schaukel oder Bobycar vergnügen und mit Eimer, Schaufel und Wasser im Sandkasten werkeln.

Spiele werden gegen Ende des 1. Lebensjahres mehr und mehr zu „Spielhandlungen", in denen nicht nur die Möglichkeiten eines Spielzeugs ausprobiert, sondern auch Tätigkeiten des Alltags nachgeahmt werden. Zum Nachahmen einfacher Handlungen können Sie Ihr Kind mit alltäglichen Gebrauchsgegenständen erfreuen; geben Sie ihm z.B.:

- einen Topf mit Löffel
- ein altes Handy oder Telefon
- eine weiche Haarbürste, eine Zahnbürste mit kurzem Stiel
- einen Schlüsselbund
- eine Brille.

Zeit zum Spielen!

Ein Baby fordert seine Zeit, es möchte gehalten und gestreichelt, gefüttert, gebadet und in den Schlaf gesungen werden. Es möchte satt und warm und trocken sein, es möchte sich bewegen und bewegt werden. Und es ist von Anfang an ein durch und durch soziales Wesen, das nicht lange allein sein mag, sondern auch „beschäftigt" werden möchte und immer wiederkehrenden Blick- und Berührungskontakt genießt.

Schon in der Zeit, in der Sie Ihr Baby pflegen und es versorgen, können Sie mit ihm spielen. Spielzeit ergibt sich immer, beim An- und Ausziehen, beim Wickeln, vor oder nach dem Baden:

- Schaffen Sie für sich und Ihr Baby eine gemütliche Atmosphäre. Der Raum sollte warm und ohne Zugluft sein, das Licht mild.
- Bedenken Sie, Ihr Kind kann sich selbst am besten spüren und bewegt sich mehr, wenn es nackt ist.
- Ist Ihr Kind unter 3 Monate alt, nehmen Sie sich beim Wickeln Zeit. Mit einem jungen Säugling können Sie gut auf dem Wickeltisch oder auf dem Schoß spielen. Schauen Sie, wie lange Ihr Kind nackt sein möchte und Geduld für die ersten Spiele hat. Am Anfang reichen oft auch schon 5–10 Minuten.
- Ab dem 3. Monat bietet das Spielen auf der Krabbeldecke mehr Möglichkeiten. Wahrscheinlich hat Ihr Kind jetzt mehr Ausdauer und wird vielleicht erst nach 20 Minuten müde. Manchmal ist es leichter, sich für das gemeinsame Spiel eine bestimmte Zeit am Tag zu reservieren.
- Nehmen Sie sich für das einzelne Bewegungsspiel ausreichend Zeit und wiederholen Sie es, wenn Ihr Kind Gefallen daran findet. Sie können die Übungen auch mit Liedern oder Reimen kombinieren. Wenn Sie ein Spiel immer mit demselben Lied begleiten, wird das Kind schon bald mit den ersten Takten wissen, was kommt, und begeistert mitmachen.
- Zwischendurch ist eine Pause schön, zum Schmusen und Kuscheln.

Durch das tägliche Zusammenspielen und Bewegen werden Sie sicherer im Umgang mit Ihrem Kind. Sie lernen es besser kennen, können seine Vorlieben und Bedürfnisse, aber auch so manche Abneigung besser einschätzen. Das Spiel ist eine Möglichkeit, eine Beziehung auch unabhängig von den Notwendigkeiten der täglichen Pflege aufzubauen, sich zusammen wohl zu fühlen, Rituale zu entwickeln und miteinander „ins Gespräch zu kommen". Versuchen Sie, Ihr Kind von Anfang an in seiner Besonderheit zu respektieren und seine Eigenständigkeit zu achten. Zwingen Sie weder sich selbst noch Ihr Kind zu irgendwelchen gemeinsamen Übungen oder Spielen; Ihr Kind spürt, wenn Sie sich ihm nicht vollständig und beherzt zuwenden, und auch Sie werden wenig Spaß an dem Zusammenspiel haben, wenn Ihr Kind überfordert ist oder einfach Lust zu etwas anderem hat.

Wenn Sie spüren, dass Ihr Kind lieber allein sein und in Ruhe für sich spielen möchte, dann lassen Sie es gewähren und unterbrechen Sie es nicht. Ihr Kind weiß Sie in der Nähe, fühlt sich wohl und sicher, konzentriert sich auf sich und sein Spiel und entdeckt ganz selbständig die eigenen Fähigkeiten.

BEACHTE
Dieses Buch möchte Ihnen Spiel- und Bewegungsideen vermitteln, die Sie mit Ihrem Kind ausprobieren und variieren können. Schauen Sie aber auch, was Ihr Kind von selbst zeigt und greifen Sie seine Ideen auf. Babys sind die besten Erfinder!

Abb. 4.1 Erstes soziales Lächeln

setzung für das spätere Unterscheiden von Gefühlen. Formen Sie Ihren Mund zu einem O, und Ihr Kind wird es Ihnen gleichtun. Ständig ist sein Gesichtchen in Bewegung und zeigt die unterschiedlichsten mimischen Ausdrücke. Es zeichnet sich das unbewusste „Engelslächeln" ab, um gleich wieder von einem traurigen Gesichtsausdruck abgelöst zu werden. Echte Gefühle wie Freude oder Traurigkeit können noch nicht bewusst wahrgenommen werden; erst später, etwa ab dem 6. Monat, wird sich das Kind seiner eigenen Gefühle bewusst.

Zum ersten Lächeln braucht das Baby ein Gegenüber! Es lächelt keine Dinge an, sondern einen Menschen, den es kennt und mag. Wenn es ca. 6 Wochen alt ist, verschenkt es nach intensivem Blickkontakt erst flüchtig und dann immer bereitwilliger sein erstes soziales Lächeln.

4.1 Erster Meilenstein: Das erste Lächeln

Mit dem ersten bewussten Lächeln, das mit Spannung erwartet wird, lässt sich das Neugeborene einige Wochen Zeit. Es ist zunächst ganz damit beschäftigt, sich auf seine neue Umwelt einzustellen, selbständig zu atmen, das neue Nahrungsangebot zu verdauen und zu einem neuen Schlaf-Wach-Rhythmus zu finden.

Schon gleich nach der Geburt ahmt der Säugling verschiedene Gesichtsausdrücke nach – die Voraus-

4.1.1 Merkmale

Rückenlage

Allmählich verliert das Kind seine asymmetrische Haltung und gewinnt mehr Stabilität. Beine, Arme und Hände werden lockerer; der Daumen liegt außerhalb der Hand. Der Kopf kann kurz in der Mitte gehalten werden. Damit keine Einseitigkeit in der Kopfstellung entsteht, sollte man immer darauf achten, dass das Kind den Kopf zu beiden Seiten gleichmäßig dreht.

Manche Kinder zeigen in diesem Alter ca. 2 Wochen lang die „Fechterstellung" (➤ Abb. 4.2). Wenn

4 Die zwölf Meilensteine der kindlichen Entwicklung: Spiel- und Bewegungsanregungen

Abb. 4.2 Fechterstellung

Abb. 4.4 Bauchlage. Entwicklungsalter: 6. Woche

Abb. 4.3 Primitives Strampeln

sie ihren Kopf auf einen Reiz hin drehen und in ihren Massenbewegungen kurz innehalten, streckt sich der Arm auf der Seite, in die das Kind schaut. Der andere Arm wird in Henkelstellung angebeugt. Bleibt die Fechterstellung zu lange bestehen, so entwickelt sich infolge dessen auch die Hand-Mund-Koordination verspätet.

Bis zur 6. Woche lässt sich das so genannte primitive Strampeln beobachten (➤ Abb. 4.3). Darunter versteht man, dass alle Gelenke des gestreckten Beines – Hüfte, Knie, Sprunggelenke und Zehen – gestreckt und alle Gelenke des angebeugten Beines gebeugt werden. Innerhalb der Gelenke ist noch keine Differenzierung möglich.

Bauchlage

Die Beugehaltung der Wirbelsäule sowie der Arme und Beine lässt nach. Die Wirbelsäule beginnt sich zu entfalten. Dabei streckt sich der Rücken und wird zunehmend symmetrisch (➤ Abb. 4.4).

Das Kind zeigt nun erste Stützaktivitäten. Seine Stützbasis liegt zwischen Unterarmmitte und Brustbein, so dass die Schultern auf Höhe der Unterarmmitte stehen. Die Händchen sind locker gefaustet, wobei der Daumen jetzt außerhalb der Handinnenfläche liegt.

Der Stütz ermöglicht es dem Kind, seinen Kopf kurzfristig von der Unterlage abzuheben und ihn zur anderen Seite zu drehen.

BEACHTE
Von Anfang an sollte sich Ihr Baby an die Bauchlage gewöhnen. Legen Sie es – wenn es wach ist – auf den Bauch, tragen Sie es in Bauchlage (➤ Kap. 2.1.2). Achten Sie auch hier darauf, dass das Kind seinen Kopf zu beiden Seiten ablegt.

Hand- und Fußentwicklung

Wie alle anderen primitiven Reflexe beginnt auch der Greifreflex von Händen und Füßen deutlich nachzulassen. Die Hände sind lockerer; sie sind nicht mehr fest gefaustet und der Daumen wird nicht mehr eingeschlagen.

Sonstige Fähigkeiten

Sehen Das Puppenaugenphänomen lässt nach, d.h. die Augenbewegung ist nicht mehr von der Kopfbewegung abhängig. Das Kind hat Gefallen am Blickkontakt und kann ihn zunehmend länger halten. Es kann mit seinen Augen einen Gegenstand verfolgen, der im kurzen Abstand vor seinen Augen bewegt wird. Dabei bewegt es seine Augen in alle Richtungen, jedoch noch unkoordiniert. Die Farbe Rot wirkt interessant.

Die zeitgerechte motorische Entwicklung ist auch von der optischen Orientierung eines Kindes abhängig. Ist ein Kind blind, so läuft seine motorische Entwicklung verzögert ab, da die akustische Ausreifung im Gehirn später erfolgt. Erst dann erfolgt die Reizorientierung über das Ohr und die motorische Entwicklung kann ihren Rückstand aufholen. Ist das Kind taub, so zeigt es keine motorischen Auffälligkeiten, da sich die optische Orientierung führend auswirkt.

Hören Das Hören ist noch nicht vollständig ausgereift. Feinheiten sind noch nicht ausgebildet. Das Kind braucht noch deutliche mehrmalige Reize, um zu reagieren. Seine Aufmerksamkeit wird durch die Melodie und den Rhythmus der Stimme erregt.

Achten Sie darauf, ob Ihr Kind hört und auf Geräusche reagiert, wenn Sie ihm z.B. Knisterpapier ans Ohr halten. Nur durch Hören kann es später auch sprechen lernen. Wenn Ihr Kind Laute von sich gibt, bedeutet das noch nicht, dass es gut hört. Bei allen Kindern jedweder Herkunft ist die Lautbildung in den ersten 6 Monaten gleich, ob sie gut oder schlecht hören. Erst nach dem 6. Monat orientieren sie sich an ihrer Muttersprache. Ein gehörloses Kind wird dann immer mehr das Lautieren einstellen und sich stumm verhalten.

Sozialverhalten Der Säugling nimmt deutlich Kontakt zu seiner Umwelt auf. Er reagiert auf optische, akustische und taktile Reize sowie auf Veränderungen seines Gleichgewichts durch Bewegung. Mit ungefähr 6 Wochen schenkt Ihnen Ihr Kind sein erstes bewusstes Lächeln!

4.1.2 Anregungen für Spiel und Bewegung

In diesem Alter wird Ihr Baby Gefallen an einem Mobile über dem Bettchen finden. Bei der Wahl eines Mobiles betrachten Sie es am besten wie das Kind, nämlich von unten. Auch dann sollten die Figuren noch erkennbar sein, mit klaren Konturen und Hell-Dunkel-Kontrasten. Kinder sind fasziniert von der Farbe Rot. Sie können das Mobile mit einfachen Mitteln auch selbst herstellen, z.B. bunte Luftballons an einem Kleiderbügel befestigen. Die Aufhängung des Mobiles sollte sich auf der Höhe des Bauchnabels befinden; dann wird das Kind – um das Mobile zu sehen – seinen Kopf in die Mitte bringen und das Kinn leicht Richtung Brust neigen. So trainiert es auch schon seine Bauchmuskeln.

Sie können Ihrem Kind auch ein Bild malen. Lassen Sie Ihrer Phantasie freien Lauf und probieren Sie aus, was ihm gefällt. Stellen Sie das Bild abwechselnd an die Bettseiten oder zeigen Sie es Ihrem Kind – wenn es auf dem Bauch liegt – in ca. 20 cm Entfernung in Augenhöhe. Vielleicht hebt es neugierig für ein paar Sekunden seinen Kopf!

Weiteres geeignetes Spielzeug ist in diesem Alter eine Spieluhr und eine kleine weiche Stoffpuppe. Die immer wiederkehrende Melodie der Spieluhr und der vertraute Geruch der Puppe geben Ihrem Kind beim Einschlafen das Gefühl, behütet und am richtigen Ort zu sein.

> **ZIELE**
> - Das Köpfchen kann in Rückenlage in der Mitte gehalten werden.
> - Der Blickkontakt wird länger.
> - Das Lächeln wird nachgeahmt.

Abb. 4.5 Nichts ist für ein Kind in diesem Alter schöner als Ihr Gesicht! Wenn Ihr Baby im Nestchen (➤ Abb. 2.28) oder auf der Wickelauflage vor Ihnen liegt, beugen Sie sich über es und halten Blickkontakt. Lächeln und sprechen Sie, singen Sie ein Lied für Ihr Kind und ziehen Sie seine Aufmerksamkeit auf sich. Vielleicht entlocken Sie ihm sogar ein Lächeln! Muss es sich noch zu sehr anstrengen, wird es sich von selbst mit den Augen von Ihnen abwenden.

Abb. 4.6 „Komm, spüre mich!" Nehmen Sie Blickkontakt mit Ihrem Kind auf. Führen Sie die Hände Ihres Kindes zu Ihrem Gesicht und öffnen sie dabei seine Finger. Die Handflächen können auf Ihren Wangen ruhen. Erzählen Sie mit Ihrem Kind oder singen Sie ihm etwas vor. Zum weiteren Erkunden können Sie seine Hände anblasen und weiter über Ihr Gesicht, Ihre Nase, Augen und Mund gleiten lassen. Achten Sie darauf, dass das Kind seinen Kopf in der Mitte hält.

Abb. 4.7 „Hallo, ihr kleinen Füße!" Was die Hände können, können auch die Füße. Beugen Sie die Beine Ihres Kindes, so dass es mit seinen Füßen Ihr Gesicht abtasten kann. Sie können die Füße anblasen und daran schnuppern.

Abb. 4.8 Ergreifen Sie die Hände Ihres Kindes, bringen Sie sie zusammen und streicheln Sie ihm damit über seinen Bauch und sein Gesicht: „Schau, das sind deine Hände, das ist dein Gesicht!" Lassen Sie es an seinen Händen saugen. Erst einige Wochen später wird es dieses Vergnügen von selbst beherrschen. Viele Kinder haben noch stark gefaustete Hände; in dem Fall können Sie versuchen, mehrmals langsam über den Handrücken des Kindes zu streicheln.

4.1 Erster Meilenstein: Das erste Lächeln

Abb. 4.9 Legen Sie Ihre beiden Hände übereinander auf den Bauch Ihres Kindes und lassen Sie es so seine Mitte spüren.

Abb. 4.10 Legen Sie im Wechsel eine Hand auf die rechte Seite des Kindes, danach die andere Hand auf die linke Seite des Kindes usf. Ihr Kind spürt die Gewichtsverlagerung und nimmt seinen Körper dadurch deutlicher wahr.

Abb. 4.11 Ab dem 2. Monat können Sie mit einem Wasserball leichten Druck auf den Bauch Ihres Kindes ausüben. Es wird Hände und Füße anheben und damit den Ball umfassen, es wird die Hände öffnen und die Füße automatisch richtig einstellen (sog. Supinationsstellung). So trainiert es schon seine Bauchmuskeln.

Abb. 4.12 Für die oben beschriebenen Spiele können Sie Ihr Kind auch mit dem Kopf erhöht auf ein Keilkissen legen; dabei kann es sich mit seinen Füßen an Ihrem Bauch abstützen. Diese Lage fördert den Blickkontakt und aktiviert die oberen Bauchmuskeln. Besitzen Sie kein Keilkissen, nehmen Sie einen Aktenordner und breiten Sie ein Handtuch oder eine Decke darüber.

Abb. 4.13 Wenn es Ihrem Kind gefällt, können Sie schon bald nach der Geburt mit dem Spielen auf dem Schoß beginnen. Nähe und Geborgenheit erleben, die Mitte finden und den Blickkontakt halten, das sind einige Ziele beim Spielen auf dem Schoß. Setzten Sie sich dazu auf den Boden und lehnen Sie sich an. Die Beine stellen Sie leicht auf, so dass Ihr Kind leicht erhöht auf Ihren Oberschenkeln liegen kann, in Rückenlage mit angebeugten Beinen und mit gutem Blickkontakt zu Ihnen. Vielleicht legen Sie Ihrem Kind zusätzlich eine Decke oder ein Fell unter. So können Sie beim Spielen, Sprechen und Singen stetigen Körperkontakt geben und Bewegung und Kommunikation fördern.

Abb. 4.14 So wird Ihr Kind die Bauchlage lieben: Legen Sie sich Ihr Kind in Bauchlage so auf den Bauch, dass Sie ihm ins Gesicht schauen können. Sprechen Sie mit ihm, streicheln Sie es oder singen Sie ihm etwas vor. Damit es sich besser aufrichten kann, können Sie ihm mit Ihren Händen Halt am Po geben.

Abb. 4.15 Auch ein Keilkissen kann Ihrem Kind die Bauchlage erleichtern. Die höhere Kante liegt kopfwärts; auch die Arme liegen auf. Auf dieser schrägen Unterlage wird die Bauchlage Ihrem Kind leichter fallen, denn der Körperschwerpunkt wandert Richtung Füße. So kann das Kind leichter stützen, den Kopf besser anheben und sein Umfeld beobachten. Sprechen Sie Ihr Kind von vorne an und versuchen Sie, seinen Blick einzufangen.

Abb. 4.16 Fest gehalten und bewegt werden, das ist eine Erfahrung, die Ihr Kind schon im Mutterleib gemacht hat. Deshalb lässt es sich auch gut beruhigen, wenn Sie mit ihm auf dem großen Ball hüpfen und sich hin und her bewegen. So werden außerdem Gleichgewichtssinn und Koordination angesprochen.

4.2 Zweiter Meilenstein: Beginnende Kopfkontrolle

War in der Neugeborenzeit die Unterstützungsfläche noch groß und instabil, so verkleinert sie sich im Laufe der motorischen Entwicklung immer mehr. Dadurch kann sich das Kind zunehmend selbständiger bewegen.

In Rückenlage wandert der Körperschwerpunkt immer mehr Richtung Kopf, in Bauchlage Richtung Füße. Dadurch können Arme und Beine in Rückenlage besser von der Unterlage abgehoben werden, und in Bauchlage kann das Kind seinen Kopf zunehmend leichter gegen die Schwerkraft abheben. Die beginnende Kopfkontrolle ist ein bedeutender Meilenstein in der Entwicklung zu mehr Selbständigkeit und der erste Schritt in der Aufrichtung gegen die Schwerkraft. Die meisten Kinder erreichen diesen Meilenstein mit 8 Wochen.

4.2.1 Merkmale

Rückenlage

Die Rückenlage wird immer stabiler, die Wirbelsäule zunehmend gerade und symmetrisch. Das Kind kann nun seinen Kopf von der Seite zur Mitte drehen und hier kurz innehalten. Das durchgehende Drehen des Kopfes über die Mitte hinweg zur anderen Seite ist noch nicht möglich.

Die Arme verlassen vermehrt die Henkelstellung und die Hände kommen vor der Brust zusammen. Das Kind beginnt, mit seinen Fingerspitzen zu spielen (Hand-Hand-Koordination). Dabei öffnen sich die Hände. Wenn der Kopf auf der Seite liegt, kann das Kind sogar sein Händchen an den Mund bringen (Hand-Mund-Koordination). Allmählich bekommen die Bauchmuskeln Spannung, so dass beide Fersen kurzfristig von der Unterlage abgehoben werden können.

Sieht ein 2 Monate alter Säugling ein Spielzeug oder ein Gesicht, so bricht bei ihm ein natürlicher Bewegungssturm aus, die so genannte physiologische dystonische Beweglichkeit (➤ Abb. 4.17). Er strampelt heftig mit Armen und Beinen. Weil er noch nicht mit den Händen zugreifen kann, versucht

Abb. 4.17 „Bewegungssturm"

er, mit seinem ganzen Körper zu greifen. Die Bewegungen sind noch ungenau und weichen auf ihrem Weg zum Ziel ab. Die physiologische dystonische Beweglichkeit gehört wie die Holokinese des Neugeborenen (➤ Kap.3.2.6) und wie die Fechterstellung des 6 Wochen alten Babys zu den natürlichen frühen Massenbewegungen des Säuglings. Sie ist kennzeichnend für den zweiten Meilenstein und schafft die Voraussetzung für das spätere zielgerichtete Greifen und bewusste Bewegen.

BEACHTE
Stürze vermeiden: Lassen Sie Ihr Kind nicht alleine auf dem Sofa oder auf dem Wickeltisch liegen. Ein plötzlich einsetzender Bewegungssturm (physiologische dystonische Beweglichkeit) kann zu schweren Stürzen führen.

Bauchlage

In Bauchlage wandert der Körperschwerpunkt immer mehr Richtung Füße (➤ Abb. 4.18). Die Unterstützungsfläche liegt nun zwischen Brustbein und Bauchnabel, so dass das Stützen auf die Unterarme zunehmend leichter gelingt. Der Ellenbogen liegt jedoch noch nicht auf der Unterlage auf. Die Hände sind locker gefaustet oder auch schon mal leicht geöffnet; der Daumen liegt zumeist außerhalb der Hand. Liegt der Kopf auf der Seite, kann das Kind seine Hand an den Mund bringen (Hand-Mund-Koordination).

Der Kopf kann in der Mitte kurzfristig abgehoben und gehalten werden. Es beginnt die so genannte Kopfkontrolle. Darunter versteht man die automati-

Abb. 4.18 Bauchlage. Entwicklungsalter: Ende des 2. Monats

sche Reaktion des Kopfes, sich durch eine „innere Wasserwaage" senkrecht im Raum einzustellen und sich außerhalb der Unterstützungsfläche zu halten. Die Kopfkontrolle reift in den ersten Lebensmonaten heran und steht in der Regel nach dem ersten Halbjahr zur Verfügung, wenn das Köpfchen gut gegen die Schwerkraft gehalten werden kann. Wie gut die Kopfkontrolle ist, zeigt sich beim Aufnehmen und Tragen des Kindes.

Hand- und Fußentwicklung

Das Kind bringt seine Hände vor der Brust zusammen und spielt mit den Fingerspitzen (Hand-Hand-Koordination). Es ertastet seine Körpergrenzen; bewusst zugreifen kann es zu diesem Zeitpunkt noch nicht.

In Rücken- und Bauchlage mit zur Seite gedrehtem Kopf beginnt es, seine Hand zum Mund zu führen und sie zu ertasten (Hand-Mund-Koordination).

Sonstige Fähigkeiten

Sehen Das Fixieren von Gesichtern und Gegenständen mit den Augen ist für ca. 3 Sekunden möglich. Das Kind verfolgt Personen mit den Augen und kann dabei auch seinen Kopf mitdrehen. Klare Umrisse und Hell-Dunkel-Kontraste werden gerne fixiert.

Sprache Das Kind lautiert mit den Kehllauten „ach" und „ech".

Sozialverhalten Über seine Stimme nimmt das Kind Kontakt zu seiner Umwelt auf. Es reagiert, wenn man mit ihm spricht und variiert sein Schrei- und Weinverhalten in Ton und Lautstärke.

HINWEIS
Gehen Sie mit Ihrem Kind zum Arzt:
- wenn es seinen Kopf in Rücken- bzw. Bauchlage noch nicht in der Mitte halten kann
- wenn es eine deutliche Lieblingsseite beim Schlafen und in der Wachphase hat
- wenn es eine asymmetrische Kopfhaltung oder eine Köpfchenverformung aufweist.

4.2.2 Anregungen für Spiel und Bewegung

Nehmen Sie Ihr Kind immer langsam von der Unterlage auf, besonders bei der Drehbewegung und beim Hochheben (➤ Kap. 2.1.2). Das Kind muss seinen Kopf dann in der Mitte einstellen und gegen die Schwerkraft festhalten. Auch ein junger Säugling mit wenig Kopfkontrolle braucht keinen Halt am Kopf, wenn er beim Aufnehmen weit genug Richtung Bauchlage gedreht wird. Geschieht dies nicht, droht das Köpfchen in den Nacken zu fallen.

Beim Tragen halten Sie Ihr Kind ruhig auch einmal ein wenig schräg. So muss es vermehrt gegen die Schwerkraft arbeiten und die Rumpfmuskeln werden trainiert. Auch das Tragen in Bauchlage (Fliegergriff) kräftigt die Rumpfmuskeln und fördert die Haltearbeit gegen die Schwerkraft.

ZIELE
- Das Köpfchen kann in Bauchlage in der Mitte gehalten werden.
- Die Kopfkontrolle wird besser.
- Das Kind tastet mit den Fingerspitzen.
- Es führt die Hände an den Mund.

4.2 Zweiter Meilenstein: Beginnende Kopfkontrolle

Abb. 4.19 Wenn Sie sich Ihr Kind auf die angewinkelten Oberschenkel legen, können Sie wunderbar Zwiesprache halten. Ihr Kind wird Sie neugierig anschauen und den Kopf in die Mitte nehmen.

Abb. 4.20 Neigen Sie sich nun langsam zuerst zur einen, dann zur anderen Seite und versuchen Sie, dass Ihr Kind Ihren Bewegungen mit den Augen oder auch schon mit einer Kopfbewegung folgt. Sie können die Aufmerksamkeit Ihres Kindes auch auf ein Spielzeug richten und dieses langsam bewegen.

Abb. 4.21 Greifen Sie mit beiden Händen so unter die Schulterblätter Ihres Kindes, dass es wie in einer Schale liegt. Bringen Sie dann die Schultern gleichzeitig oder einzeln sanft nach vorne; dadurch kommen die Arme und Hände vor dem Körper zusammen. Die Händchen berühren sich und beginnen, sich zu ertasten und miteinander zu spielen.

Abb. 4.22 „Das ist der Daumen, der schüttelt die..." Mit diesem oder ähnlichen Fingerspielen ermöglichen Sie Ihrem Kind sanftes und feines Tasten mit den Fingern. Bringen Sie die Fingerspitzen vor dem Körper zusammen, berühren Sie sie und benennen Sie die einzelnen Finger.

Abb. 4.23 Greifen gelingt nur mit geöffneten Händen. Hält Ihr Kind seine Hände noch häufig gefaustet, streichen Sie ihm immer wieder über die Handaußenflächen. Die Berührung der Handinnenfläche löst hingegen den Greifreflex aus, der sich allmählich abschwächen sollte.

Abb. 4.24 Nehmen Sie eine Hand Ihres Babys und halten Sie sie zum Betrachten vor sein Gesicht. Bewundern Sie gemeinsam die kleinen Hände und Finger. Vielleicht schaut Ihr Kind schon neugierig zu.

Abb. 4.25 Führen Sie die Hände Ihres Kindes auch an seinen Mund und lassen Sie es mit Lippen und Zunge ertasten, was es vorher gesehen hat (Hand-Mund-Koordination).

Abb. 4.26 Ergreifen Sie die Unterarme Ihres Kindes und führen Sie seine Händchen über seinen Bauch. So zeigen Sie ihm seine Mitte. Wenn Sie die Beine Ihres Kindes an Ihrem Bauch ablegen, können Sie mit seinen Händen über seine Oberschenkel fahren. Achten Sie darauf, dass sich die Hände dabei öffnen. Helfen Sie ihm beim Umfassen der Knie. Alle Körperteile können Sie benennen; Ihr Kind wird aufmerksam zuhören.

4.2 Zweiter Meilenstein: Beginnende Kopfkontrolle

Abb. 4.27 Wenn es Ihrem Kind gefällt, können Sie es auf Ihrem Schoß ganz einrollen. In dieser Haltung erreicht es sogar schon seine Knie und beginnt, sich für seine Zehen zu interessieren.

Abb. 4.28 So können Sie sich beide entspannen!

Abb. 4.29 Ein Schwimmring gibt Ihrem Kind Begrenzung, wodurch es sich noch deutlicher spürt. Breiten Sie ein Handtuch über einen Schwimmring und legen Sie Ihr Kind in die Vertiefung. Arme und Beine nähern sich an, die Hände kommen leichter zueinander und der Kopf wird unterstützt. So finden viele Kinder von allein ihre Mitte.

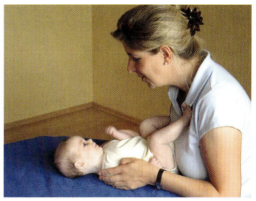

Abb. 4.30 Bringen Sie beim Wickeln oder beim Spielen auf dem Tisch die Fußsohlen Ihres Kindes an Ihren Körper. Dann kann es mit seinen Beinchen dagegen drücken. Umfassen Sie mit den Händen die Schultern Ihres Kindes und üben Sie einen ganz sanften Zug nach unten Richtung Becken aus. Das Kind streckt seinen Nacken und bringt sein Kinn zur Brust.

Abb. 4.31 Lassen Sie Ihr Kind stützen, indem Sie es sich quer über Ihre Oberschenkel legen und ihm Halt an Oberarmen, Becken oder Po geben. Sie können dabei auf dem Boden oder auch auf einem Stuhl sitzen. Heben und senken Sie nun langsam und nur gering denjenigen Oberschenkel, auf den sich das Kind stützt. Bei dieser Übung wird der Schwerpunkt wieder Richtung Füße gebracht und Ihr Kind kann leichter seinen Kopf anheben.

Abb. 4.32 Auf dem Wickeltisch können Sie sich Ihr Kind über Ihren Unterarm legen. Wahrscheinlich braucht es noch etwas Hilfe, um die Arme zum Stützen nach vorne zu bringen. Zur Abwechslung können Sie ihm auch einen Spiegel vorhalten; es findet das Spiegelbild hochinteressant!

Abb. 4.34 Legen Sie Ihr Kind in Bauchlage so auf den Wickeltisch, dass es Sie anschauen kann. Singen oder erzählten Sie, dann wird Ihr Kind sicher den Kopf heben und Ihnen zuhören.

Abb. 4.33 Vielen Kindern fällt es schwer, den Kopf in Bauchlage auch wieder entspannt abzulegen. Sie können Ihrem Kind dabei helfen, indem Sie seinen Kopf und Rücken mit dem Unterarm „schienen", das Köpfchen sanft auf der Seite ablegen und ihm seine Hand zum Ertasten zum Mund führen. So kann sich der Säugling fürs nächste Kopfheben ausruhen und übt gleichzeitig die Hand-Mund-Koordination.

Abb. 4.35 Dieser Stütz gelingt wahrscheinlich auch gut, wenn Sie sich Ihr Kind in Bauchlage auf den Bauch legen und ihm noch etwas Halt an den Oberarmen geben.

4.3 Dritter Meilenstein: Der symmetrische Ellenbogenstütz

Die meisten Kinder erreichen diesen Meilenstein am Ende des 3. Monats. Sie haben sich im ersten Vierteljahr an die neue Umgebung gewöhnt, und anfängliche Anpassungsschwierigkeiten lassen in der Regel nach. Nahrungsaufnahme und Verdauung haben sich aufeinander eingestellt, so dass Koliken seltener auftreten und das Kind stetig zunimmt. Manchmal funktioniert auch schon – zur Freude der übermüdeten Eltern – der Schlaf-Wachrhythmus und das Kind beginnt durchzuschlafen. Abendliche Schreiattacken fallen schwächer aus oder verschwinden ganz. Versorgung und Pflege des Kindes gehen den meisten Eltern jetzt routiniert von der Hand.

Nach der Eingewöhnungsphase beginnt die Entdeckerzeit! Intensiv erforscht der Säugling den eigenen Körper, betrachtet und dreht die Hände und spielt mit den Fingern; er beginnt, die Welt zu „begreifen". Spielzeug wird erst später interessant; jetzt sind es vor allem die Menschen mit ihrer Stimme und ihrem freundlichen Gesichtsausdruck, die das Kind faszinieren und so richtig erfreuen können.

4.3.1 Merkmale

Rückenlage

Der Meilenstein des symmetrischen Ellenbogenstützes markiert ein entscheidendes Datum: Die Wirbelsäulenentfaltung in der Horizontalen ist abgeschlossen und das Kind liegt gerade. Es besitzt nun einen ausreichenden „Haltungshintergrund" für seine Handlungen, d.h. es kann seinen Rumpf stabilisieren und dadurch seine Arme und Beine frei bewegen. Die Massenbewegungen sind abgebaut und der Weg für eine intensive Hand-Hand- und Hand-Mund-Koordination ist frei.

Symmetrie kennzeichnet die kindliche Bewegungsentwicklung dieses Meilensteins. Das Kind findet seine Körpermitte und erarbeitet sich die stabile Rückenlage. Kopf und Rumpf liegen gerade in der Körperachse. Das Becken liegt gut auf der Unterlage auf (> Abb. 4.36). Es hat sich „umgestellt", d.h. seine Beugehaltung verloren. Das Körpergewicht liegt vermehrt beim Kopf. Dadurch können die Beine rechtwinklig von der Unterlage abgehoben und über dem Bauch gehalten werden. Hüft- und Kniegelenke bilden jeweils einen 90°-Winkel. Die Bauchmuskeln sind aktiviert und das Kind verfolgt interessiert die Bewegungen seiner Füße.

Mit diesem Meilenstein verfügt das Kind über eine freie Kopf- und Blickwinkelbewegung, d.h. es kann Kopf und Augen bewegen, ohne dass sich sein Rumpf mitdreht. Der Kopf kann über die Körpermitte hinaus zu beiden Seiten gedreht werden.

Alle Gelenke befinden sich in der so genannten Mittelstellung. Sie haben die Beugestellung verlassen und können in der Mitte ihres Bewegungsspielraums gehalten werden. Schulter- und Hüftgelenke können in der Regel ab dem 3. Monat drehen. Sie haben sich vom Scharnier- zum Kugelgelenk weiterentwickelt. Durch die Mittelstellung der Schultergelenke können die Hände vor dem Gesicht zusammengebracht und zum Mund geführt werden. Dabei betrachtet das Kind seine Hände (Hand-Auge-Mund-Koordination).

Das Kind zeigt ein koordiniertes, alternierendes Strampeln, wobei das Zusammenspiel der Arm-, Bein- und Rumpfmuskeln harmonisch wirkt. Beim Strampeln streifen sich die Innenseiten der Füße.

Abb. 4.36 Stabile Rückenlage

BEACHTE

Vor allem beim Wickeln sollten Sie darauf achten, dass sich nichts Interessantes am Kopfende des Kindes befindet, sonst überstreckt es neugierig seinen Rumpf, um den Gegenstand zu sehen. Aus demselben Grund sprechen Sie Ihr Kind auch nicht von der Kopfseite an, sondern immer aus Richtung der Füße.

Bauchlage

Kennzeichnend für diesen Meilenstein ist der symmetrische Ellenbogenstütz in Bauchlage (➤ Abb. 4.37). Die Stützfläche bildet ein Dreieck zwischen den Innenseiten der Ellenbogen und dem Bauchnabel/Schambein. Die Arme sind in ihrer Entwicklung immer mehr nach vorne gewandert, so dass die Ellenbogen nun direkt unter den Schultern stehen. Die Hände liegen locker in der Schulterlinie und können vollständig geöffnet werden. Bauch- und Rückenmuskeln werden gegen die Schwerkraft aktiviert und heben auch den Brustkorb von der Unterlage ab. Der Kopf wird getragen, die Kopfkontrolle sicherer. Jetzt kann sich das Kind aufrichten, ohne in seinen Schultergelenken zu „hängen"; es schaut sozusagen aus der 1. Etage. Ein Spielzeug zwischen den aufgestützten Armen kann interessiert betrachtet werden.

Die Wirbelsäule hat sich jetzt auch in Bauchlage vollständig entfaltet. Hals- und Lendenwirbelsäule werden nicht mehr überstreckt, dagegen hat sich die verstärkte Beugehaltung der Brustwirbelsäule abgeflacht. Die Hüftgelenke sind vollständig gestreckt, die Beine liegen locker auf. Kopf und Rumpf bilden eine gerade Linie.

Auch in Bauchlage kann der Säugling seinen Kopf zu beiden Seiten locker auf der Unterlage ablegen; bei Einseitigkeit besteht die Gefahr der Asymmetrie.

Hand- und Fußentwicklung

Der Säugling bleibt nun ruhig liegen und schlägt mit seinen Händen zunächst zufällig und dann zunehmend bewusster gegen die Spielsachen, die über seinem Bettchen hängen. Der Greifreflex verringert sich, wodurch sich die Hände öffnen. Gegenstände fallen aus der Hand. Ein bewusstes Greifen ist noch nicht möglich.

Das Kind betrachtet intensiv seine Hände (Hand-Auge-Koordination), wobei es seine einzelnen Finger bewegt und die Hand dreht. Es beginnt, seine

Abb. 4.37 Symmetrischer Ellenbogenstütz

Hände zu unterscheiden und differenziert, welche Hand wann greift.

In Rückenlage wandern die Fußsohlen immer mehr zueinander (sog. Supinationsstellung). Beim Strampeln streifen sich die Innenkanten der Füße.

Sonstige Fähigkeiten

Sehen Mit 3 Monaten wird der Säugling aufmerksamer. Er entdeckt visuell seine Hände, betrachtet seine Finger in der Körpermitte und steckt sie in den Mund. Er fixiert und verfolgt Spielzeug zu beiden Seiten endgradig. Die Augen können selektiv aus der Mitte und ohne Mitbewegung des Kopfes um ca. 30° bewegt werden. Dabei verfolgt der Blick das Handeln. Dies ist der Beginn der Feinmotorik.

Zu erst können die Augen seitlich (horizontal), später hoch und runter (vertikal) bewegt werden.

Hören Der Säugling reagiert auf einen Glockenton, indem er seine Bewegungen oder den Blickkontakt unterbricht. Am Ende des 3. Monats wendet er sich der Geräuschquelle direkt zu; dies ist ein Zeichen für die Entwicklung des Richtungshörens.

Sprache Der Säugling produziert Lall-Laute und erste Silbenketten wie „ej, öwe, eige" sowie erste rrr-Ketten. Er jauchzt und freut sich stimmhaft.

Sozialverhalten Ein wichtiges Kriterium für die geistige Entwicklung des Kindes ist neben dem symmetrischen Ellenbogenstütz (mit geöffneten Händen und entfalteten Daumen) die Fähigkeit, Blickkontakt aufzunehmen und Gesichter zu fixieren. Beides sollte in diesem Alter vorhanden sein.

HINWEIS

Gehen Sie mit Ihrem Kind zum Arzt, wenn es im 3. Monat:
- ständig noch stark gefaustete Hände hat
- überschießende, ausfahrende Bewegungen zeigt
- in Rückenlage nicht die Beine abhebt und in Höhe der Sprunggelenke überkreuzt
- keine Gesichter fixiert
- keine Reaktion auf laute Geräusche zeigt
- nicht in Bauchlage liegen kann, weil es sich verdreht und überstreckt, bzw. sich in Bauchlage auf die gestreckten Arme mit gefausteten Händen und eingeschlagenen Daumen stützt.

4.3.2 Anregungen für Spiel und Bewegung

Ab diesem Meilenstein spielt das Kind am sichersten auf der Krabbeldecke am Boden. Dort kann es seine Welt entdecken. Wenn man das Kind vor Gefahren schützen muss, kann man es jetzt an ein Laufgitter (Laufstall) gewöhnen; es bietet in diesem Alter auch noch eine gewisse Begrenzung, die Geborgenheit vermittelt und die Weite des erfahrbaren Raumes mindert. Später fördert der Laufstall die natürliche Aufrichtung des Kindes, wenn Spielzeug an den Stäben hängt und es sich an ihnen hochziehen kann.

Im Handel gibt es inzwischen Laufstallmodelle mit seitlichem Sichtschutz, deren Böden höhenverstellbar sind. Sie gleichen eher komfortablen Kinderbettchen, in denen die Kinder tagsüber mehr Platz haben und die Eltern sie rückenschonend herausheben und hineinlegen können.

Der moderne Laufstall mit seiner Höhenverstellung bietet jedoch nicht nur Vorteile. Das Kind liegt bereits in sehr hoher Position und braucht sich nicht mehr anzustrengen, um aus der Rückenlage eine gute Übersicht über den Raum zu bekommen. Dadurch fehlen die optische Orientierung nach oben und der Reiz zur Aufrichtung. Liegt das Kind hingegen auf dem Bauch, so wird es schnell ungeduldig und nörgelig, da der Sichtschutz die Aussicht verwehrt. Durch die nahe Begrenzung ist ein Spielzeug, welches aus der Hand gefallen ist, schnell wieder mit dem ausgestreckten Arm erreichbar.

Der Laufstall sollte kein ständiger Aufenthaltsort für das Kind sein, sondern nur seiner Sicherheit dienen, wenn es kurzfristig nicht beaufsichtigt werden kann. Sobald das Kind den symmetrischen Ellenbogenstütz beherrscht, sollte es möglichst auf der Krabbeldecke seinem natürlichen Bewegungsdrang nachgehen können.

Damit das Kind seine Bewegungsentwicklung voll entfalten kann, kleiden Sie es bequem! Ein Strampler ist einer schweren, steifen Jeans vorzuziehen.

ZIELE

- In Rückenlage kann das Baby seine Beine zum Bauch hochnehmen.
- In Bauchlage stützt es sich symmetrisch auf beide Ellenbogen.
- Die Hände finden zueinander (Hand-Hand-Koordination).

Abb. 4.38 „Wo sind deine Hände?" Lassen Sie Ihr Kind seine Hände erblicken und mit Mund und Zunge ertasten.

Abb. 4.39 Ergreifen Sie eine Hand Ihres Kindes und streicheln Sie ihm damit über den diagonalen Fuß. Durch dieses Spiel in Rückenlage, auf dem Schoß oder im Ringsitz, wird Ihr Kind mit sich selbst und seinem Körper vertraut. Mit jedem Monat wird es reifer und selbständiger forschen!

58   4 Die zwölf Meilensteine der kindlichen Entwicklung: Spiel- und Bewegungsanregungen

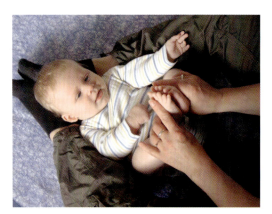

Abb. 4.40 „Und das sind deine Füße!" Stupfen Sie sanft die Fußsohlen Ihres Kindes zusammen. Bleiben Sie in der Körpermittellinie, damit Ihr Kind ein Gefühl für seine Mitte bekommt.

Abb. 4.41 Legen Sie eine oder beide Hände auf den Bauch Ihres Kindes und üben Sie einen leichten Druck auf die Bauchdecke aus. Das aktiviert die Bauchmuskeln. Ihr Kind wird vielleicht seine Beine beugen und sie von der Unterlage abheben. Sie können den Bauch Ihres Kindes auch sanft im Uhrzeigersinn streicheln, was nicht nur bei Bauchschmerzen wohltuend ist.

Abb. 4.42 Unterlagern Sie mit einem kleinen Handtuch oder mit einem Keilkissen das Becken. Dann liegt der Rücken besser auf, Ihr Kind kann sein Becken leichter „umstellen" und seine Beine zum Spielen hochnehmen und halten.

Abb. 4.43 Wenn Sie das Keilkissen unter den Kopf Ihres Kindes legen, kann es – vielleicht noch mit Ihrer Hilfe – seine Hände und Füße besser sehen und erreichen.

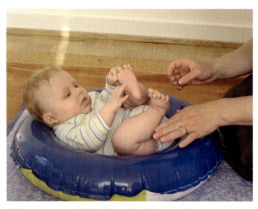

Abb. 4.44 Das schafft Ihr Kind auch ganz allein, wenn Sie es in einen Schwimmring legen.

4.3 Dritter Meilenstein: Der symmetrische Ellenbogenstütz

Abb. 4.45 Spielzeug wird zwar noch nicht ergriffen, aber neugierig angeschaut. Bewegen Sie es langsam nach rechts und links, und Ihr Kind wird es nicht nur mit den Augen fixieren, sondern auch den Kopf mitdrehen. Führen Sie das Spielzeug auch zum Mund Ihres Kindes, so dass es gleichzeitig mit Händen und Zunge tasten kann (Hand-Mund-Koordination).

Abb. 4.46 Hängen Sie ein Glöckchen an einen Fuß Ihres Kindes. Wahrscheinlich wird es die Beine erstaunt hochnehmen. Sie können auch Wäscheklammern am Fußteil des Stramplers befestigen, die Hand Ihres Kindes dorthin führen und beobachten, wie es immer wieder versuchen wird, die Klammern zu erreichen. Zugreifen kann es noch nicht, aber fühlen!

Abb. 4.47 Hören wird noch spannender, weil Ihr Kind jetzt die Richtung erkennt! Das Glöckchen klingelt, mal am rechten, mal am linken Ohr, und Ihr Kind kann seinen Blick – oder auch schon seinen Kopf – der Geräuschquelle zuwenden.

Abb. 4.48 Ballspielen macht Spaß: Befestigen Sie eine Schnur an einem Wasserball und halten Sie ihn über Ihr Kind. Wenn Sie den Ball tief hängen, kann Ihr Kind ihn ergreifen, hängt er höher, wird es ihn aufgeregt mit Händen und Füßen anschubsen. Hängen Sie den Ball vermehrt über die Knie, werden eher die Füße danach greifen wollen, weiter kopfwärts die Hände. Achten Sie aber darauf, dass der Ball nicht über dem Kopf hängt, damit sich Ihr Kind nicht überstreckt. Für dieses Spiel können Sie auch einen Luftballon verwenden und mit ein paar Erbsen füllen.

Abb. 4.49 Mobil wird Ihr Kind durch eine Wolldecke mit kurzem Flor. Darauf können Sie Ihr Kind in der Wohnung überall hinziehen, wo Sie sich gerade selbst befinden. Ziehen Sie am Fußende, dann heben sich die Beine und das Becken stellt sich um.

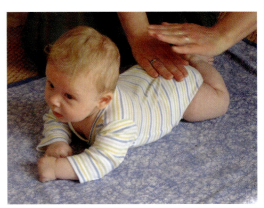

Abb. 4.50 Legen Sie Ihr Kind auf den Bauch und streicheln sie es vom Kopf bis zu den Füßen. Verharren Sie mit der Hand auf dem Becken und geben sie ihm dort Halt. So kann sich Ihr Kind gut aufrichten und sich auf seine Unterarme stützen.

Abb. 4.51 Der Stütz gelingt auch leichter, wenn Sie Ihrem Kind in Bauchlage einen Druck über die Fußsohlen geben.

Abb. 4.52 Oder Sie legen sich Ihrem Kind gegenüber und singen ihm etwas vor. Vielleicht braucht es noch etwas Halt an den Ellenbogen.

Abb. 4.53 „Ist da noch ein Kind?" Beim Anblick ihres Spiegelbildes vergessen viele Kinder, wie anstrengend die Bauchlage ist.

Abb. 4.54 Sie können Ihrem Kind auch mal die Bauchlage in einen Schwimmring anbieten.

Abb. 4.55 Manche Kinder liegen jetzt gerne auf einem großen Ball. Sie können es von hinten an seinem Becken sichern oder auch von vorne seine Arme umfassen; so haben Sie besser im Blick, wie es sich fühlt. Wenn es Ihrem Kind gefällt, rollen Sie es sanft vor und zurück. Wenn Sie beim Endpunkt der Rollbewegung nach hinten innehalten, erleichtern Sie Ihrem Kind den Stütz und das Anheben des Kopfes.

4.4 Vierter Meilenstein: Der Einzel-Ellenbogenstütz

Am Ende des 4. Monats haben viele Kinder den Meilenstein Einzel-Ellenbogenstütz erreicht. Das Kind kann seine Brustwirbelsäule ausreichend strecken und drehen, so dass es aus der Bauchlage ein interessantes Spielzeug ergreifen und untersuchen kann. Die Verlagerung auf einen Ellenbogen, das Ausstrecken des Armes auf der Unterlage und das Greifen mit der Hand vollzieht das Kind unbewusst: Die treibende Kraft der Entwicklung ist allein der natürliche Erkundungsdrang des Kindes.

Greifen, Fühlen und Erkunden spielen in diesem Monat eine große Rolle. Eine ganz neue Erfahrung beginnt. Gegenstände werden mit der Hand erfasst und über den Mund erfahren, ihr Geruch und Geschmack, ihre Form und Beschaffenheit wahrgenommen. Noch als Erwachsener greifen wir auf diese Zeit unserer Erfahrungen zurück und können heute noch sagen, wie manche Dinge schmecken und riechen. Deshalb darf man den Kindern das Erforschen über den Mund nicht verbieten, es ist ein weiterer wichtiger Schritt in der Entwicklung des Kindes.

In dieser Zeit beginnen die Kinder häufig, sowohl in Rücken- als auch in Bauchlage ausgiebig zu spielen. In der Bauchlage werden sie durch den Einzel-Ellenbogenstütz viel freier in ihren Handlungen, versuchen auch schon – vergeblich – ein weiter entfernt liegendes Spielzeug zu ergreifen. Die Zeit der Fortbewegung wird erst in einigen Wochen mit dem selbständigen Drehen beginnen (➤ Kap. 4.6). In der Regel bahnt es sich von alleine zwischen dem 4. und dem 6. Monat an und muss normalerweise nicht extra geübt werden.

Dennoch ist es sinnvoll, wenn Sie Ihrem Kind die richtigen Bewegungsimpulse im Vorfeld spielerisch geben und beim Handling unterstützend mit ihm umgehen, z.B. wenn Ihr Kind ohnehin gedreht werden muss. Manche Kinder „mogeln" beim Drehen, indem sie Kopf und Rumpf überstrecken oder sich mit der Ferse abdrücken, anstatt die Beine von der Unterlage abzuheben und sich einzurollen. Das richtige Drehen, bei dem das Kind vor allem seine Bauchmuskeln betätigen muss, beginnt immer mit der Beugung des Körpers – Kinn Richtung Brust, Beine angezogen – und endet erst in Bauchlage wieder mit der Streckung des Körpers.

Den Unterschied in der Bewegungsqualität werden Sie als aufmerksame Eltern erkennen. Vermeiden Sie falsche Impulse beim Drehvorgang; es kommt, wie einleitend beschrieben, nicht darauf an, jeden Meilenstein möglichst schnell, sondern mit guter Qualität zu meistern. In diesem Kapitel erfahren Sie daher auch, wie Sie Ihr Kind spielerisch auf das Drehen vorbereiten können.

4.4.1 Merkmale

Rückenlage

Die zunehmend stabilere Rückenlage bietet nun genügend Haltungshintergrund für die beginnenden Greifaktivitäten (➤ Abb. 4.56). Das Kind kann Spielzeug ergreifen, das ihm von der Seite in seinem Gesichtsfeldbereich angeboten wird. Das Spielzeug wird zum Mund geführt und untersucht. Dies ist das erste zielgerichtete Greifen.

Spielzeug, das ihm zentral vor dem Körper angeboten wird, kann das Kind hingegen noch nicht oder allenfalls mit beiden Händen gleichzeitig ergreifen,

Abb. 4.56 Rückenlage. Entwicklungsalter: Ende 4. Monat

Abb. 4.57 Einzel-Ellenbogenstütz

da es sich nicht entscheiden kann, mit welcher Hand es fassen soll. Dies nennt man Brainsplitting; die Gehirnhälften sind noch nicht ausreichend miteinander vernetzt und arbeiten unabhängig voneinander.

Der Kopf kann jetzt sehr gut in der Mittelstellung gehalten werden und wird zu akustischen und optischen Reizen hingedreht. Er kann sich frei bewegen, wobei der Rumpf gerade bleibt.

In Rückenlage liegt der Körperschwerpunkt noch mehr kopfwärts, wodurch das Kind seine Beine zum Strampeln immer höher nehmen kann. Beim Strampeln berühren sich jetzt die Großzehen.

Bauchlage

In der Bauchlage wandert der Körperschwerpunkt mehr und mehr fußwärts. Dadurch kann das Kind seinen Oberkörper weiter aufrichten und seinen Kopf schon über einen längeren Zeitraum in der Mitte und abgehoben halten. Die Beine sind gestreckt und leicht abgespreizt. Der symmetrische Ellenbogenstütz ist die Voraussetzung für die freie Kopfdrehung zu beiden Seiten.

Sobald sich das Kind im symmetrischen Ellenbogenstütz sicher fühlt, beginnt es erneut, seinen Bewegungsspielraum zu erweitern. Möchte es ein Spielzeug ergreifen, das direkt vor ihm liegt, verlagert es sein Gewicht auf einen Ellenbogen, gleitet mit der freien Hand auf der Unterlage nach vorne und greift nach dem Spielzeug (➤ Abb. 4.57). Den Arm kann es dabei noch nicht von der Unterlage abheben. Bei der Gewichtsverlagerung wird ein Bein angebeugt, das andere gestreckt. Auf diese Weise wird das symmetrische Bewegungsmuster des Ellenbogenstützes aufgebrochen und es beginnt der asymmetrische Einzel-Ellenbogenstütz.

Hand- und Fußentwicklung

Die wichtigste Zeit für die Greifentwicklung beginnt mit diesem Meilenstein. Bis das Kind sitzt hat sich die Basis für die Feinmotorik der Hand entwickelt, um sich dann – unter Umständen zeitlebens – weiter zu differenzieren.

Der Greifreflex hat sich jetzt so weit abgeschwächt, dass die Hand bewusst geöffnet werden kann um zu „begreifen". Das Kind greift zum ersten Mal bewusst nach Spielzeug, das ihm in Rückenlage von der Seite angeboten wird. In der Bauchlage kann das Kind einen vor ihm liegenden Gegenstand gezielt erfassen.

Dabei greift das Kind zuerst mit der Kleinfingerseite, d.h. mit Kleinfinger und Ringfinger (sog. ulnares Greifen). Dann umschließt die ganze Hand das Spielzeug, neigt sich zur Kleinfingerseite und wird im Handgelenk gebeugt (sog. Palmarflexion).

Bis zum präzisen Greifen mit zwei Fingern ist es noch ein weiter Weg, denn die Entwicklung der Hand ist mit der Entfaltung der Wirbelsäule verbunden. Zudem greift das Kind noch nicht isoliert, sondern mit dem ganzen Körper, d.h. greifen die Hände, erfolgen gleichzeitig unwillkürliche Greifbewegungen mit den Füßen (➤ Abb. 4.58).

Sonstige Fähigkeiten

Sehen Mit diesem Meilenstein bildet sich das Farbensehen aus. Über das zielgerichtete Ergreifen von

4.4 Vierter Meilenstein: Der Einzel-Ellenbogenstütz

Gegenständen entwickelt das Kind allmählich auch die Fähigkeit, Entfernungen abzuschätzen. Mit 8 Monaten ist das dreidimensionale Sehen möglich.

Hören Das Kind kann Geräusche genau lokalisieren. Es erkennt seine Eltern bewusst an deren Stimmen.

Sprache Das Kind spielt mit seinem Speichel und mit dem Lippenschluss. Es bildet Blasen- und Reiblaute (z.B. „w", „w-th") sowie Laute, bei denen die Lippen fest aufeinander gedrückt werden (z.B. „m" oder „m-b").

Sozialverhalten Der Säugling lacht stimmhaft. Er lächelt bei freundlichen und blickt skeptisch bei unfreundlichen Gesichtern.

4.4.2 Anregungen für Spiel und Bewegung

Mit dem Erlöschen des Greifreflexes wird Spielzeug jetzt noch interessanter für Ihr Kind, denn es beginnt, bewusst zuzugreifen. Alles wird in den Mund gesteckt und sorgfältig untersucht.

Zum Erkunden eignen sich Greifringe, Knisterpapier, Stofftiere, eine Beißperlenschnur, ein Erlebnistuch und vielleicht auch schon ein Spieltrapez. Hier ergreift das Kind wahrscheinlich erst das seitlich hängende Spielzeug. Sie können interessante Dinge aber durchaus in die Mitte hängen, um das spätere Greifen aus der Mitte anzubahnen. Dass das Kind die am Trapez baumelnden Dinge nicht mit dem Mund erfassen kann, ist allerdings ein Nachteil dieses Spielgeräts. Mit etwas Phantasie können Sie ein Spieltrapez auch durch einen geeigneten, kippsicheren Tisch oder Stuhl ersetzen, an dem Sie Spielmöglichkeiten befestigen.

Auch ein Babyschwimmbad – eventuell mit Bällen gefüllt – macht dem Kind viel Freude.

> **ZIELE**
> - Das Kind zeigt den Einzel-Ellenbogenstütz.
> - Es greift nach Spielzeug, das ihm von der Seite angeboten wird.
> - Es unternimmt die ersten Drehversuche.

Abb. 4.59 Bieten Sie Ihrem Kind Spielzeug von der Seite an oder hängen Sie es seitlich in sein Bett. Vielleicht öffnet es schon die Hand und versucht, nach dem Spielzeug zu greifen. Ansonsten können Sie es zum Handöffnen animieren, indem Sie ihm mit dem Spielzeug über den Handrücken streichen.

Abb. 4.58 Greifen mit Händen und Füßen

Abb. 4.60 Viel Spaß macht dem Kind eine Perlenkette, welche dem Kind ebenfalls von außen gereicht wird. Sie sollte nicht zerreißbar sein, damit keine Perlen verschluckt werden können.

Abb. 4.61 „Schiffchen schaukeln": In diesem Monat bereitet sich Ihr Kind mehr und mehr auf das Drehen vor. Umfassen Sie Hände und Knie Ihres Kindes und schaukeln Sie es langsam von links nach rechts.

Abb. 4.62 Legen Sie Ihr Kind auf den Rücken auf ein Badehandtuch. Wenn Sie eine Seite des Handtuchs anheben, können Sie Ihr Kind sanft aus der Rückenlage in die Seitenlage rollen.

Abb. 4.63 Das Rollen ist neu für Ihr Kind, es ist aufregend und macht Spaß. Quer auf ein Keilkissen gelegt, rollt Ihr Kind sicher begeistert die schräge Ebene herab und dreht sich dabei vom Rücken auf den Bauch. Bitte noch mit Hilfestellung!

Abb. 4.64 Es gibt verschiedene Möglichkeiten, das Drehen richtig anzubahnen. Wenn Ihr Kind auf dem Rücken liegt, umfassen Sie es so, dass Ihre rechte Hand auf dem Bauch und die linke hinten unter dem Becken liegt. Jetzt drehen Sie Ihr Kind über seine linke Seite auf den Bauch. Drehen Sie es langsam genug, damit es mithelfen kann, zunächst die Beine anzieht und das Kinn Richtung Brust nimmt, um sich in Bauchlage wieder zu strecken.

4.4 Vierter Meilenstein: Der Einzel-Ellenbogenstütz

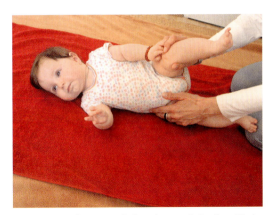

Abb. 4.65 Sie können auch die gebeugten Beine Ihres Kindes umfassen und es langsam auf eine Seite drehen. Unterstützen Sie Ihr Kind in der Seitenlage dabei, das oben liegende Bein gebeugt zu halten und das unten liegende Bein zu strecken. Dadurch kann es sich weiter in die Bauchlage drehen, in der beide Beine gestreckt sind. Sollte eine Hand noch unter dem Körper liegen und so nicht stützen können, heben Sie die Schulter der entsprechenden Körperseite so weit an, bis Ihr Kind seinen Arm selbständig unter dem Bauch hervorholen kann.

Abb. 4.66 Vielleicht reicht es auch, beim Drehen nur noch einen Impuls über das obere Bein zu geben und darauf zu achten, dass der untere Arm nicht im Weg liegt?

Abb. 4.68 Bringen Sie Hände und Knie Ihres Kindes zusammen und halten Sie diese fest. Schaukeln Sie Ihr Kind langsam von der einen auf die andere Seite und unterstützen Sie die Bewegung mit einem leichten Anheben Ihres nicht belasteten Beines.

Abb. 4.67 Legen Sie sich Ihr Kind in Rückenlage auf Ihren Schoß, dann können Sie sich gut anschauen, miteinander sprechen und spielen. Ergreifen Sie die Hände Ihres Kindes und streicheln Sie damit abwechselnd über sein diagonales Knie. So bahnen Sie spielerisch das Greifen über die Körpermitte an.

Abb. 4.69 Eine Hand liegt auf dem Bauch, die andere umfasst die Schulter: Auch so können Sie Ihr Kind von einem Ihrer Oberschenkel auf den anderen rollen. Wenn Sie dabei den Oberschenkel, auf den Sie Ihr Kind drehen, etwas absenken, unterstützen Sie den Drehvorgang zusätzlich.

Abb. 4.70 Auch Stützen geht auf dem Schoß, vor allem, wenn es etwas Interessantes zu beobachten gibt. Legen Sie sich Ihr Kind in Bauchlage so auf den Schoß, dass es sich auf Ihre Beine stützt und über Ihre Knie hinausschaut. Zusätzlich können Sie die Höhe Ihrer Beine im Wechsel variieren, so dass Ihr Kind seinen Stütz verlagern muss.

Abb. 4.71 Das Kind liegt – Ihnen abgewandt – quer auf Ihren Oberschenkeln auf der Seite. Halten Sie es an der oberen Schulter und am oberen Bein recht nah am Hüftgelenk fest. Jetzt können Sie es langsam von der Seite auf den Bauch und wieder zurück drehen, dabei die obere Seite verkürzen und dadurch die schrägen Rumpfmuskeln besonders ansprechen.

Abb. 4.72 Diese Übung geht am besten auf der Wickelkommode. Ihr Kind liegt auf seiner linken Seite. Ihr linker Arm liegt unter dem Kopf des Kindes und umfasst den unteren Arm. Mit Ihrem rechten Arm, der zwischen den Beinen des Kindes liegt und den oberen Arm umfasst, leiten Sie die Drehung ein: langsam von der Seite auf den Bauch und zurück. Je nachdem, wo Sie mit ihrer Bewegung innehalten, muss Ihr Kind mehr die Bauchmuskeln oder mehr die Rückenmuskeln aktivieren.

Abb. 4.73 „Päckchen drücken": Das Kind liegt auf die Seite. Umfassen Sie mit einer Hand beide Fersen, die andere Hand liegt am Schulterblatt. Nun bringen Sie Ihr Kind wie ein kleines Päckchen in die Beugung und geben ihm immer wieder sanften Druck.

Abb. 4.74 Wenn auch Sie sich in die Bauchlage begeben, mit Ihrem Kind Zwiesprache führen und mit ihm spielen, wird es gerne auf dem Bauch liegen.

Abb. 4.75 Schaukeln Sie Ihr Kind auf dem großen Gymnastikball sanft von rechts nach links. Verharren Sie jeweils auf der Seite, so dass sich Ihr Kind bewusst auf die Lageveränderung einstellen kann. Vielleicht wird es die Beine schon unterschiedlich anbeugen und den Stütz auf nur einen Arm verlagern.

4.5 Fünfter Meilenstein: Das Greifen aus und über die Mitte

Durch die zunehmende Vernetzung beider Gehirnhälften ist das Kind nun in der Lage, über seine Körpermitte hinaus gezielt nach einem Gegenstand zu greifen. Zudem kann es sich entscheiden, mit welcher Hand es einen Gegenstand erfassen möchte. Dieses gezielte Greifen aus und über die Mitte ist eine sehr hohe koordinative Fähigkeit, welche viele Kinder am Ende des 5. Monats erreichen. Mit dem Greifen über die Mitte wird auch das Drehen vom Rücken auf den Bauch zunehmend leichter möglich. Wird das Kind mit einem Spielzeug gelockt und ist seine Neugier groß genug, so ergibt sich das Drehen als motorisches Muster von selbst. Später wird es das Drehen als Fortbewegungsmöglichkeit nutzen und durch die Wohnung rollen.

4.5.1 Merkmale

Rückenlage

Wenn das Kind mit seinen Händen über dem Gesicht spielt, hebt es auch die Beine von der Unterlage ab. Die Fußsohlen berühren sich, als wollten sie mitgreifen. Mit den Händen ertastet es vermehrt die Knie, die Oberschenkel und die Genitalien. Es erkundet mit den Händen seinen Körper. Es „begreift" seinen Körper.

In diesem Monat wird die eigentlich stabile Rückenlage wieder labil, indem das Kind die Beine zum Bauch hochnimmt und durch die verringerte Unterstützungsfläche auf die Seite fällt oder sogar auf dem Bauch landet. Damit kündigt sich das Drehen vom Rücken auf den Bauch an. Es ist aber noch kein koordiniertes Drehen, da die Drehbewegung nicht bewusst eingeleitet wird und auch nicht abgebremst werden kann. Ein Innehalten auf der Seite ist noch nicht möglich, ebenso wie das Zurückdrehen aus der Bauchlage. In diesem Alter ist es immer ein Zurückfallen in Rückenlage, jedoch noch kein koordiniertes, gesteuertes Zurückdrehen.

Bauchlage

Stützt sich das Kind auf die Ellenbogen und möchte ein Spielzeug erreichen, so kann es jetzt seinen Arm von der Unterlage abheben. Es wird immer neugieriger und schaut nach Spielzeug oder interessanten Dingen aus. Dabei drückt es sich immer mehr nach oben hoch. In Bauchlage zeigt das Kind jetzt den so genannten unreifen Handstütz, d.h. es stützt sich zwar auf den Handwurzeln mit gestreckten Armen hoch, aber die Finger – außer der Daumen – sind noch eingeschlagen. Mit dem Handstütz beginnt die Orientierung aus der „2. Etage".

Sieht das Kind etwas Interessantes und möchte es erreichen, stützt es sich hoch, um gleich wieder zurückzufallen. Es hebt Arme und Beine von der Unterlage ab, wobei es seinen Rücken überstreckt, und strampelt heftig (> Abb. 4.76). Dieser Bewegungssturm, das so genannte Schwimmen, ist entwicklungsgeschichtlich eine „Sackgasse", da es keine Fortbewegung bedeutet, sondern eher Ausdruck der kindlichen Aufregung ist. Es gehört daher auch nicht zu den Meilensteinen.

Hand- und Fußentwicklung

Mit Erreichen dieses Meilensteins hat das Kind seine Armbewegungen so weit unter Kontrolle, dass es die Hände gezielt zum Spielzeug führen kann. Durch die Vernetzung beider Gehirnhälften ist es dem Kind in der Rückenlage nun möglich, über die Mitte nach Spielzeug zu greifen (> Abb. 4.77).

Jetzt beginnt das Greifen mit der Daumenseite (sog. radiales Greifen), d.h. Daumen, Zeige- und Mittelfinger ergreifen das Spielzeug. Die Hand neigt sich dabei Richtung Daumen und kann im Handgelenk gestreckt werden (sog. Dorsalextension). Das radiale Greifen ist die Voraussetzung dafür, dass das Kind später ein Werkzeug oder einen Stift halten kann.

Wenn ein Spielzeug den Handrücken berührt, wendet das Kind seine Hand und ergreift es mit der Handinnenfläche. Es reicht Spielzeug von einer Hand in die andere, meist noch unbewusst.

Auch die Füße greifen. Beim Spielen und Strampeln berühren sich die Fußsohlen ganz und drücken gegeneinander. Dadurch werden die Bauchmuskeln für das spätere Krabbeln trainiert.

Sonstige Fähigkeiten

Sehen Ein Spielzeug, das kreisend vor dem Kind bewegt wird, kann mit den Augen verfolgt werden.

Sprache Das Kind sammelt Speichel und schlägt Blasen damit. Es prustet und bildet rhythmische Silbenketten wie „ge-ge-ge", „mem-mem-mem", „de-de-de" oder „die-die-die". Seine Ausdrucksweise wird vielseitiger, wodurch es Emotionen wie Spaß, Ärger oder Wut verdeutlichen kann. Auch Schmerz oder Freude kann es zum Ausdruck bringen, indem es Tonfall, Rhythmus und Lautstärke seiner Stimme variiert. Es beginnt zu flüstern.

Abb. 4.76 „Schwimmen"

Abb. 4.77 Greifen über die Körpermitte

4.5 Fünfter Meilenstein: Das Greifen aus und über die Mitte

Sozialverhalten Das Kind lächelt seinem Spiegelbild zu und findet es außerordentlich interessant. Es differenziert zwischen bekannten und vertrauten sowie unbekannten Gesichtern. Das Kind unterscheidet jetzt auch eine freundliche von einer ernsten Stimmlage. Durch Ausbreiten der Arme zeigt es deutlich, dass es hochgenommen werden will.

4.5.2 Anregungen für Spiel und Bewegung

Das Kind beginnt, Dinge aus der Mitte zu greifen. Es gefällt ihm einfach alles, was sich interessant anfühlt, was sich bewegt und womöglich noch Töne von sich gibt. Sie können kleine Filmdosen mit etwas Reis oder Ähnlichem füllen und als Rassel anbieten; auch nach bunten Seidentüchern, die Sie über Ihrem Kind bewegen, wird es gerne greifen, erst recht, wenn Sie Glöckchen daran befestigen. Seidentücher fühlen sich gut an; vielleicht genießt es Ihr Kind, wenn Sie ihm damit über die Haut fahren. Lassen Sie Ihrer Phantasie freien Lauf und probieren Sie aus, was Ihr Kind begeistert.

Auch das Spielzeug der letzten Monate bleibt interessant, z.B. der Wasserball und der mit ein paar Erbsen versehene Luftballon.

Üben Sie weiterhin das Drehen aus dem vorherigen Kapitel. Unterteilen Sie das Drehen vom Rücken auf den Bauch nun in einzelne Sequenzen. Drehen Sie langsam vom Rücken auf die Seite und wieder zurück. Danach von der Seite auf den Bauch und wieder zurück auf die Seite. Das Kind muss den einzelnen Bewegungsabschnitten folgen können. Mit einer freien Hand können Sie das Kind zusätzlich mit einem Spielzeug motivieren.

ZIELE
- Das Kind ergreift Spielzeug aus und über die Mitte.
- Es bringt seine Fußsohlen zusammen.
- Es erreicht mit seinen Händen die Knie.
- Das Kind beginnt sich zu drehen.

Abb. 4.79 Allmählich greift es nicht mehr mit der Kleinfingerseite, sondern mit der Daumenseite. Dieses so genannte radiale Greifen ist ein wichtiger Schritt in der Greifentwicklung, den Sie unterstützen können, indem Sie Spielzeug von der Daumenseite anbieten.

Abb. 4.78 Nun können Sie Ihrem Kind Spielzeug aus der Mitte anbieten und es kann sich entscheiden, mit welcher Hand es zugreift. Es spielt jetzt auch mit Dingen, die mittig über seinem Bett hängen.

Abb. 4.80 Die Füße sind jetzt nicht mehr so weit weg! Wäscheklammern an den Strümpfen machen jetzt besonders viel Spaß.

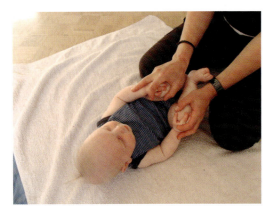

Abb. 4.81 Beim „Schiffchen schaukeln" kommt jetzt vielleicht schon der Kopf mit hoch: Umfassen Sie Hände und Knie Ihres Kindes, schaukeln Sie es sanft von einer auf die andere Seite und verharren sie jeweils kurz auf der Seite. Manche Kinder heben jetzt selbständig den Kopf von der Unterlage ab.

Abb. 4.82 Führen Sie die Bewegung weiter bis fast zum Sitzen. Diese Übung kräftigt die schrägen Bauchmuskeln. Aber bitte ziehen Sie das Kind nicht in die Position; es sollte sich aus eigener Kraft aufrichten.

Abb. 4.83 Die Küche bietet manchmal die interessantesten Spielzeuge, z.B. einen Kochlöffel mit bunten Bändern.

Abb. 4.84 Ein Schneebesen mit Ball oder Glocke. Wahrscheinlich wird Ihr Kind versuchen, mit spitzen Fingerchen an den Ball zu kommen.

Abb. 4.85 Auch eine Knistertüte wird untersucht und belauscht.

4.5 Fünfter Meilenstein: Das Greifen aus und über die Mitte

Abb. 4.86 Die „Handtuchschaukel" macht Ihrem Kind mit Sicherheit viel Spaß: Legen Sie es in ein großes Handtuch, das Sie an seinen vier Enden mit einer weiteren Person hochheben, und schaukeln Sie Ihr vergnügtes Kind. Gleichgewicht und die Wahrnehmung werden dabei ganz besonders angesprochen.

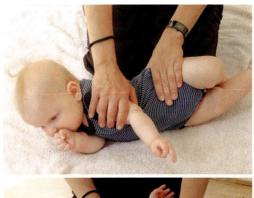

Abb. 4.87–4.88 „Pizzateig kneten". Dabei werden Becken- und Schultergürtel sanft gegeneinander verschoben, so dass das Kind im Rumpf rotiert. Legen Sie eine Hand auf die Schulter, die andere Hand über den Beckenkamm des Kindes und geben Sie einen sanften Druck abwechselnd nach vorne und hinten, als würden Sie einen Teig durchkneten. Vielen Kindern gefällt das schnelle Wechselspiel und sie glucksen vor Freude.

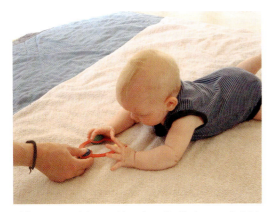

Abb. 4.89 Auch in Bauchlage kann Ihr Kind nun nach Spielzeug greifen, das direkt vor ihm in der Mittel liegt. Locken Sie es mit Spielzeug; jetzt können Sie es ihm auch leicht von oben anbieten. Bei Interesse wird es seinen Arm sogar abheben und sich nur noch auf einem Arm abstützen.

Abb. 4.90 In Bauchlage über einem gerollten Handtuch kann es noch leichter einarmig stützen und gleichzeitig spielen.

Abb. 4.91 Legen Sie Ihr Kind in Bauchlage über einen Wasserball oder kleinen Gymnastikball, fixieren es gut am Becken und rollen Sie den Ball nach vorne und zurück, nach rechts und links. In diesem Monat wird es zunehmend besser und selbständiger stützen.

Abb. 4.92 Auch in Bauchlage greifen die Zehen ineinander, wenn die Hände greifen. Unterstützen Sie die Fuß-Fuß-Koordination, indem Sie die Fußsohlen Ihres Kindes mit gebeugten Beinen zusammenführen. Diese Stellung fördert zudem die symmetrische Hüft- und Fußentwicklung.

Abb. 4.93 Auch eine Luftmatratze bietet Bewegungsanreize. Sie können Ihr Kind in Bauch- oder Rückenlage darauf legen und die Matratze durch leichten Druck zum Schwingen bringen. Oder die Matratze umfassen und das Kind leicht schaukeln. Es wird versuchen, sein Gleichgewicht zu halten.

Abb. 4.94 Wenn das Kind quer auf der Matratze liegt, kann es sich auf dem festen Boden aufstützen und spielen.

4.6 Sechster Meilenstein: Der symmetrische Handstütz

Den symmetrischen Handstütz erreichen viele Kinder am Ende des 6. Monats. Das Kind ist ein halbes Jahr alt und hat schon unendlich viel gelernt. Es erkennt seine Eltern und weiß, zu wem es gehört. Es versteht die ersten Wörter. Es lächelt bewusst und seine Gefühle spiegeln sich in seinem Gesicht. Es kann Menschen und Dinge fixieren und verfolgen.

Der Körper hat sich von der Wirbelsäule bis zur Hand entfaltet und das Kind setzt seine Hände zum gezielten Greifen und Stützen ein. Der Abbau der Neugeborenenreflexe bildet die Voraussetzung für die freie Entwicklung; neu entstandene Reflexe wie der Blinzelreflex schützen ein Leben lang. Die Vernetzung beider Gehirnhälften ermöglicht die zunehmend bessere Koordination beider Körperseiten. Damit kündigt sich ein weiterer wichtiger Schritt im Leben des Kindes an: die Aufrichtung und die Fortbewegung, die das Kind in seinem zweiten Lebenshalbjahr entdecken wird.

Die Reifung des Gehirns zeigt sich nicht nur in der motorischen, sondern auch in der mentalen Entwicklung des Kindes. Aufmerksame Eltern bemerken, wie sich nach dem ersten Lebenshalbjahr das Kurzzeitgedächtnis ihres Kindes entwickelt. Das Kind sucht jetzt das Spielzeug, das ihm aus der Hand gefallen ist oder das unter einem Tuch versteckt wurde. Es beginnt, die Folgen seiner Handlungen zu realisieren. Darin zeigt sich eine neue Dimension seines Selbstbewusstseins.

In der kindlichen Entwicklung ist das allmähliche Erkennen dieser Selbstwirksamkeit von entscheidender Bedeutung. Die Handlungen des Kindes sind nun nicht mehr nur Ausdruck seiner Befindlichkeit, wie es das erste halbe Jahr der Fall war, als das Kind bei Bauchweh oder Hunger schrie. Mit seinem erweiterten Bewusstsein kann das Kind seine Handlungen auch danach ausrichten, was es erreichen will. Es schreit immer noch, wenn es Hunger oder Schmerzen hat oder wenn es sich einsam fühlt, aber jetzt *weiß* es auch, dass Mutter oder Vater kommen, um es zu füttern oder zu trösten oder um ihm einfach nah zu sein.

War im ersten halben Jahr noch kein „Erziehen" notwendig, so spüren Eltern jetzt häufig intuitiv, dass es allmählich Zeit wird, dem Kind in solchen Situationen Grenzen zu setzen, in denen das Kind sie sucht und herausfordert. Während es in den ersten Monaten nur darum ging, das kleine Wesen kennen zu lernen und seine Bedürfnisse zu befriedigen, müssen Eltern nun erkennen, wann aus den Bedürfnissen ihres Kindes Forderungen werden, die sie nicht akzeptieren möchten. Eltern müssen die Gradwanderung meistern, ihrem Kind weiterhin liebevoll und doch konsequent zu begegnen.

Kinder suchen Orientierung. Sie brauchen Grenzen, um sich bei ihren Eltern sicher und geborgen zu fühlen. Sie möchten „wissende" Eltern haben, auf die sie sich verlassen und denen sie bedingungslos vertrauen können. Deshalb „müssen" die Kinder die Konsequenz ihrer Eltern immer mal wieder herausfordern. Auf diese Weise testen sie die Glaubwürdigkeit ihrer Eltern.

Im 2. Lebenshalbjahr sind der Entdeckungsdrang und das Bewegungsvermögen des Kindes erheblich; es will alles befühlen, erkunden und in den Mund stecken. Eltern brauchen viel Zeit, Geduld und Aufmerksamkeit, um das Kind in den vielen Momenten des Alltags immer wieder mit Grenzen und Regeln vertraut zu machen.

Die emotionalen und sozialen Kompetenzen eines Kindes sowie die Vielfalt seiner Persönlichkeitsmerkmale entwickeln sich behutsam über viele Jahre. Für eine lange Zeit wird es die Aufgabe der Eltern sein, ihrem Kind Sicherheit und Orientierung zu vermitteln – durch liebevolle Konsequenz. Und vielleicht in noch höherem Maße durch das Vorbild, das sie selbst abgeben, und durch den Umgang, den sie miteinander pflegen.

4.6.1 Merkmale

Rückenlage

In Rückenlage spielt das Kind mit seinen Beinchen und kommt mit seinen Händen schon an seine Unterschenkel (➤ Abb. 4.95). Die Bauchmuskeln haben jetzt so viel Spannung, dass die Beine vermehrt angebeugt werden können und die Füße fast das Gesicht berühren. Der untere Teil des Beckens kann von der Unterlage abgehoben werden.

Mit diesem Meilenstein beginnt die Entdeckung der Fortbewegung. Bislang drehte sich das in Rückenlage spielende Kind eher zufällig auf den Bauch, wenn es mit angezogenen Beinen und geringer Unterstützungsfläche das Gleichgewicht verlor, auf die Seite fiel und schwungvoll auf dem Bauch landete. Jetzt entdeckt es das Drehen, um ein aus den Händen gefallenes Spielzeug zu verfolgen oder sich einfach neugierig in eine andere Lage zu bringen. Liegt ein Spielzeug außerhalb seiner Reichweite, so beginnt sich das Kind koordiniert vom Rücken auf den Bauch zu drehen (➤ Abb. 4.96–4.99). Möchte sich das Kind über seine linke Seite drehen, so beginnt der Drehvorgang mit dem rechten Arm, den es nach schräg vorne/oben bringt. Mit gebeugtem Rumpf, angebeugten Beinen – und manchmal sogar mit abgehobenem Kopf – dreht es sich auf die Seite und gelangt von dort mit einer Art Schrittstellung in die Bauchlage.

Erst einige Wochen später kann das Kind den Drehprozess bewusst unterbrechen und z.B. auf der Seite weiterspielen. Auch das Zurückdrehen auf den Bauch kann es in der Regel noch nicht einleiten.

Es gibt Kinder, die sich das Drehen vereinfachen. Wenn ihre Bauchmuskeln noch nicht die nötige Spannung haben, drehen sie sich nicht mithilfe der

Abb. 4.95–4.99 Drehen vom Rücken auf den Bauch

Rumpfbeugung, sondern der Überstreckung des gesamten Körpers, wobei sie sich zusätzlich mit einer Ferse abdrücken. Wird dieses Bewegungsmuster automatisiert, so besteht weiterhin ein Missverhältnis zwischen Bauch- und Rückenmuskeln. Eltern sollten gerade auf die Qualität der Drehbewegung achten, denn das korrekte Drehen und eine starke Bauchmuskulatur sind die Voraussetzungen für eine lange Krabbelphase und eine gute Aufrichtung.

Bauchlage

In Bauchlage zeigt das Kind für kurze Zeit wieder eine symmetrische Entwicklung. Ein wichtiger Meilenstein wird erreicht: der symmetrische Handstütz (> Abb. 4.100). Man nennt ihn auch den reifen Handstütz, wenn die Hände „entfaltet", d.h. ganz geöffnet sind und der Daumen abgespreizt außerhalb der Hand liegt. Um einfach besser seine natürliche Neugier befriedigen zu können, stützt sich das Kind auf seine Handteller und orientiert sich so gleichsam aus der „2. Etage". Die Stützfläche liegt nun zwischen Händen und Oberschenkeln; der Bauch wird angehoben und die Hüftgelenke erreichen ihre vollständige Streckung.

Für den reifen Handstütz braucht das Kind genügend Gleichgewichtsreaktionen sowie aktive Bauch- und Rückenmuskeln, die den Rumpf gegen die Schwerkraft stabilisieren. Durch die Handtellerbelastung entwickelt das Kind ein Gefühl für die so genannte Tiefensensibilität, d.h. die Fähigkeit, sich selbst wahrzunehmen und zu spüren.

4.6 Sechster Meilenstein: Der symmetrische Handstütz

Abb. 4.100 Symmetrischer Handstütz

Hand- und Fußentwicklung

Der Greifreflex ist ganz erloschen; die Hände sind voll entfaltet. Spielzeug wird von einer Hand zur anderen Hand gereicht, gewendet und genau untersucht. Für diese Aktivitäten differenzieren sich die Bewegungen der Hände immer mehr. Die Hand neigt sich beim Greifen seitlich Richtung Daumen und erfasst mit der Daumenseite das Spielzeug (sog. radiales Greifen). Außerdem kann die Hand im Handgelenk gestreckt werden (sog. Dorsalextension).

Es beginnt jetzt auch die Bewegung des Daumens zur Kleinfingerseite (sog. Daumenopposition). Der Daumen wird nach innen in Richtung Kleinfinger gedreht. Diese Präzisionsbewegung unseres Daumens unterscheidet uns von allen anderen Lebewesen. Sie bildet die Voraussetzung für den Pinzetten- und Zangengriff und damit für das spätere Schreiben, ist also die Basis unserer mentalen und schließlich kulturellen Entwicklung.

Die Entwicklung des präzisen Greifens ist mit einem großen Massezuwachs des Gehirns in dieser Zeit verbunden, da sich das Gehirn durch die zunehmende Handnutzung mehr und mehr vernetzt. Greifen und Begreifen fördern die mentale Entwicklung!

Die Füße sind im Säuglingsalter Greiforgane und finden erst mit der Aufrichtung zu ihrer späteren Stützfunktion. Bis dahin greifen die Füße gemeinsam mit den Händen und können in Rückenlage sogar zusammen mit den Händen ein Spielzeug halten. Auch ohne Spielzeug führt das Kind häufig die Fußsohlen zueinander und greift mit den Zehen ineinander (Fuß-Fuß-Koordination). Nur durch den häufigen Fußsohlenkontakt und das Greifen mit den Füßen entwickeln sich gesunde Längs- und Quergewölbe.

Sonstige Fähigkeiten

Hören Das Kind lauscht zunehmend auf Gesang und Musik.

Sprache Oft kommen jetzt die ersten Zähnchen hervor. Das Kind formt Lippen- und Zungenlaute. Es gurrt, juchzt und lallt. Ab diesem Meilenstein weitet das hörende Kind immer mehr sein Repertoire an Lauten aus, während das gehörlose Kind, das bis dahin die gleiche Sprachentwicklung zeigte, zunehmend weniger Laute von sich gibt und mit ca. 1 Jahr verstummt.

Nun setzt das Sprachverständnis ein. Das Kind beginnt, einige Worte wie „Papa" oder „Mama" zu verstehen und schaut zu der jeweiligen Person. Auch die erste vereinfachte Konversation beginnt: Das Kind plaudert, wenn man sich ihm zuwendet und es anspricht.

Essen Das Kind kann nun Mahlbewegungen mit dem Unterkiefer ausführen, die es zum Kauen (Mastipation) braucht. Ab dieser Zeit ist es sinnvoll, mit festerer Nahrung wie Brei zu beginnen. Für das Breifüttern eignen sich flache kleine Plastiklöffel mit abgeflachten Rändern. Geben Sie Ihrem Kind in die andere Hand ebenfalls einen kleinen Löffel. So gelingt das Essen leichter, denn das Greifen mit der Hand und die Bewegungen des Kiefers sind eng miteinander verbunden.

Jetzt können Sie Ihrem Kind auch Brotrinde oder Reiswaffeln zum Lutschen geben. Die zunehmend festere Nahrung fördert die Mundmotorik und damit das Sprechenlernen. Tee oder verdünnten Saft können Sie auch schon mal aus einem Becher anbieten.

Sozialverhalten Das Kind sabbert vermehrt, vielleicht wegen des jetzt häufig beginnenden Zahnens, vielleicht auch als Ausdruck seiner Begierde: Es möchte Spielzeug erreichen und „schmeckt" es schon.

An Gemeinsamkeiten möchte das Kind nun teilhaben. Dazu gehört das gemeinsame Essen, bei dem es die Eltern beobachtet und auch schon einmal probieren möchte, was die Erwachsenen so essen.

Und die ersten „echten" Gefühle stellen sich ein, d.h. Gefühle werden bewusst erlebt: Traurigkeit, Glücksgefühle, Wut. Vorher setzte das Kind seine Stimme ein, um seinen Bedürfnissen Ausdruck zu verleihen, jetzt weint es, damit es getröstet wird. Dieser Prozess hängt mit der Reifung des Gehirns zusammen. Nach 6 Monaten koppeln sich die tieferen Strukturen des so genannten limbischen Systems – zuständig für unsere Gefühlswelt – an die Stirnhirnregion, die für unser Handeln verantwortlich ist. Dadurch kann sich das Handeln unmittelbarer an den Gefühlen orientieren und die Selbstwahrnehmung wird zunehmend bewusster. Dieser Reifungsprozess dauert bis weit über die Zeit der Pubertät hinaus an.

Aufmerksame Eltern stellen fest, dass ihr Kind sie in anderer Weise anschaut, so als würde es seine Eltern zum ersten Mal bewusst wahrnehmen. Oft wird es in dieser Zeit auch besonders anhänglich und fordert die ungeteilte Aufmerksamkeit.

Reflexe Alle Neugeborenenreflexe sind abgebaut. Stattdessen haben sich drei Reflexe entwickelt, die das Kind ein Leben lang vor Gefahren schützen:
- Bei dem so genannten Blinzelreflex (Optikofazialis-Reflex) schließen sich die Augen des Kindes reflektorisch, sobald ein Gegenstand plötzlich vor seinen Augen erscheint. Er schützt die Augen vor Fremdkörpern und muss nach dem 3. Monat vorhanden sein. Das Blinzeln bei lautem Knall (Akustikofazialis-Reflex) zeigt das Kind ab dem 10. Tag.
- Die so genannte Sprungbereitschaft ist ein Abstützmechanismus der Hände und bietet Schutz bei Stürzen. Das Kind streckt seine Arme nach vorne aus, wenn es in Bauchlage gehalten und schnell nach vorne zur Unterlage gebracht wird. In der Regel ist sie nach dem 6. Monat vorhanden.

Diese Schutzmechanismen sowie ein konstant gehaltener Blickkontakt sollten in diesem Alter vorhanden sein. Sie sind auch ein Zeichen für eine gute mentale Entwicklung des Kindes.

HINWEIS
Gehen Sie mit Ihrem Kind zum Arzt, wenn Ihr Kind mit 6 Monaten:
- nur kurze Zeit seinen Kopf in Bauchlage halten kann (weniger als 1 Minute)
- eine asymmetrische Haltung hat
- noch deutlich die Moro-Reaktion zeigt.

4.6.2 Anregungen für Spiel und Bewegung

Die meisten Kinder werden allmählich zu groß für die Schoßgymnastik. Probieren Sie aus, welche Übungen noch auf dem Schoß funktionieren, ansonsten legen Sie Ihr Kind am besten in Rückenlage auf den Boden. Sie können sich auch in den Langsitz setzen und sich das Kind zwischen Ihre abgespreizten Beine legen.

ZIELE
- Das Kind dreht sich vom Rücken auf den Bauch.
- In Bauchlage kann es sich symmetrisch auf die (geöffneten!) Hände stützen.
- Es reicht Spielzeug bewusst von einer in die andere Hand und greift Dinge mit der Daumenseite der Hand.
- Es erreicht mit den Händen seine Unterschenkel.

Abb. 4.101 Je mehr das Kind beim Drehen mithilft, desto weniger Unterstützung brauchen Sie ihm zu geben. Vielleicht reicht es schon aus, wenn Sie es mit seinem Lieblingsspielzeug locken. Sie können ihm noch etwas helfen, indem Sie sein unteres Bein strecken und sein oberes anbeugen und leicht in die Drehung führen. Vielleicht ist auch nur noch ein Impuls am unteren Bein oder an der Schulter nötig.

4.6 Sechster Meilenstein: Der symmetrische Handstütz

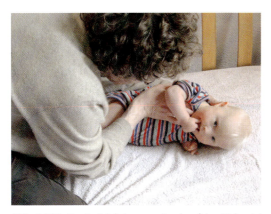

Abb. 4.102 Das Zurückdrehen vom Bauch auf den Rücken ist für viele Kinder noch schwierig; vielleicht meiden sie es sogar, weil sie dabei mal unsanft auf dem Hinterkopf gelandet sind. Führen Sie Ihr Kind sanft zurück in die Rückenlage und beugen Sie dabei seinen Rumpf und seinen Nacken. Auch beim Zurückdrehen ist es wichtig, dass das Kind seinen Kopf einrollt und sich nicht überstreckt.

Abb. 4.103 Das „Päckchen drücken" darf ein wenig wilder werden, wenn es Ihrem Kind gefällt! Umfassen Sie seine Beine und Schulter und bewegen Sie es in Beugung und Seitneigung, dabei darf auch das Becken von der Unterlage abheben. Viele Kinder haben großen Spaß dabei.

Abb. 4.104 Wenn Sie im Fersensitz auf dem Boden sitzen, können Sie sich Ihr Kind in Bauchlage so auf die Oberschenkel legen, dass es seine Hände auf dem Boden abstützt. Vielleicht kann es auch schon dabei spielen. Achten Sie beim Handstütz darauf, dass die Hände vollständig geöffnet sind und der Daumen abgespreizt wird.

Abb. 4.105 Wenn das gut klappt, können Sie auch „Schubkarre" spielen: Halten Sie das Kind an seinem Rumpf und lassen Sie es mit seinen Händen auf der Unterlage stützen.

78 4 Die zwölf Meilensteine der kindlichen Entwicklung: Spiel- und Bewegungsanregungen

Abb. 4.106 Legen Sie sich Ihr Kind quer über den Oberschenkel, dann kann es mit seinen geöffneten Händen den Boden ertasten, stützen oder auch spielen. Die Ellenbogen werden dabei gestreckt und können auch geführt werden.

Abb. 4.107 Achten Sie mal auf die Kopfhaltung Ihres Kindes, wenn Sie es im Unterarm- oder Handstütz auf einen Spiegel oder eine interessante Decke legen. Wahrscheinlich wird es den Kopf einrollen, um sich selbst im Spiegel besser sehen zu können. Damit bereitet es seinen Rumpf für den späteren Vierfüßlerstand vor, denn mit der Beugung der Halswirbelsäule kommt auch die Lendenwirbelsäule aus ihrer Hohlkreuzstellung und die Bauchmuskeln werden aktiviert.

Abb. 4.108 „Das bist du, das sind wir!" Entdecken Sie sich gegenseitig in einem Spiegel über dem Wickeltisch!

Abb. 4.109 Der Handstütz ist auch auf einem großen Gymnastikball möglich. Sie können mit Ihrem Körper gut das Becken Ihres Kindes fixieren und haben die Hände frei, um bei Bedarf die gestreckten Arme Ihres Kindes zu stabilisieren. Rollen Sie nun den Ball vor und zurück. Wenn Ihr Kind Spaß daran hat, wird es sich beim Zurückrollen hoch auf seine beiden geöffneten Hände stützen.

4.6 Sechster Meilenstein: Der symmetrische Handstütz

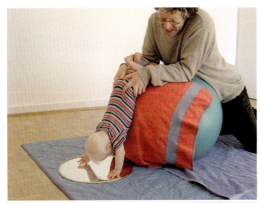

Abb. 4.112 Legen Sie Spielzeug auf eine Erhöhung, Ihr Kind ist viel zu neugierig, um sich nicht zu strecken und aufzustützen. Auch ein nicht allzu hohes Hindernis zwischen Ihrem Kind und seinem Spielzeug fördert die Aufrichtung.

Abb. 4.110–4.111 Das macht den meisten Kindern viel Spaß: Rollen Sie den Ball so weit nach vorne, dass Ihr Kind stützt und sein vergnügtes Gesicht im Spiegel entdeckt. Erst wenn die Moro-Reaktion abgebaut ist und sich stattdessen die so genannte Sprungbereitschaft entwickelt hat, können die Arme zum Stützen nach vorne schnellen.

Abb. 4.114 Alle Materialien werden erforscht, von einer Hand in die andere gereicht, mit dem Mund ertastet und geschmeckt. Geben Sie Ihrem Kind Knisterpapier, Badetiere, kleine Holztiere, einen kleinen Ball mit Gummifusseln usf. Spielzeug muss nicht aufwändig sein. Schon mit bunten Bändern kann sich ein Kind lange beschäftigen.

Abb. 4.113 Geben Sie Ihrem auf dem Rücken liegenden Kind eine Plastikschüssel zum Spielen. Mit Begeisterung wird es seine nackten Füße zum Spielen einsetzen, die Schüssel umfassen und mit den Händen an ihrem Rand ziehen.

Abb. 4.115 Wenn Sie Perlen, Erbsen oder Reiskörner in kleine Stoffsäckchen nähen, brauchen Sie keine Angst zu haben, dass sich Ihr Kind daran verschluckt. Ertasten wird es die kleinen Dinge genauso interessiert.

Abb. 4.116 Führen Sie mit gebeugten Beinen die Fußaußenkanten zueinander, so dass das Kind in seine Fußsohlen wie in ein aufgeschlagenes Buch schauen kann. Auch wenn das nicht so aussieht: Diese sog. Supinationstellung ist Voraussetzung für ein späteres korrektes Aufstellen der Füße.

Abb. 4.117 Die Füße sind ein herrliches Spielzeug! Mit einem Keilkissen unter dem Po – oder vielleicht auch noch auf dem Schoß – liegt das Kind in Beugung und kommt so mit Leichtigkeit an seine nackten, beweglichen Zehen (Hand-Fuß-Koordination).

Abb. 4.118 Massieren Sie die Fußsohlen in Länge und Breite. Sie fördern damit schon die Ausbildung der Fußgewölbe. Außerdem haben diese Griffe eine wunderbare beruhigende Wirkung.

4.7 Siebter Meilenstein: Das Robben

Jetzt ist nichts mehr vor Ihrem Kind sicher! Nach dem Drehen beginnt Ihr Kind, seinen Bewegungsspielraum immens zu erweitern, und das kann schnell gehen. Spätestens jetzt sollten Sie Ihre Wohnung kritisch auf Gefahrenquellen hin inspizieren, Steckdosen mit Kindersicherungen versehen, Reinigungsmittel und Medikamente verschließen, Treppen und Stufen sichern, stachlige Pflanzen entfernen usf. Je nachdem, welche Gefahren Ihre Küche birgt, ist ein Absperrgitter an der Tür sinnvoll. Auch das Bettchen muss rechtzeitig niedriger gestellt werden, denn es dauert nicht mehr lange, bis sich Ihr Kind an den Stäben hochzieht und Sie plötzlich aufrecht stehend begrüßt.

Viele Kinder erreichen den Meilenstein des Robbens am Ende des 7. Monats. Auf glatten Fußböden und nur mit Strampelhose oder Strumpfhose bekleidet fällt ihnen das Robben leichter als auf Teppichböden in steifen Jeans.

4.7 Siebter Meilenstein: Das Robben

4.7.1 Merkmale

Rückenlage und Zwergensitz

Die Rückenlage der ersten Monate wird jetzt zunehmend uninteressanter. Nur noch kurz bleibt das Kind auf dem Rücken liegen, um ein Spielzeug genauer zu erkunden oder mit seinen Füßen zu spielen, die es jetzt sogar mit dem Mund ertasten kann (Hand-Fuß-Mund-Koordination). Neu ist die nachlassende Kniebeugung in Rückenlage: Die Beine werden schon mal gestreckt hoch zu Decke gebracht. Das ist der beginnende Langsitz – wenn auch in Rückenlage!

Interessanter als die Rückenlage ist die Fortbewegung. Geschwind dreht sich das Kind vom Rücken auf den Bauch und wieder zurück. Es kann zu jeder Zeit den Drehvorgang unterbrechen, auf der Seite liegen bleiben und spielen. In Seitenlage beginnt das Kind, sich auf seinen unteren Arm zu stützen. Dabei liegt das obere Bein entweder angewinkelt auf dem unteren (sog. Römersitz) oder es steht mit der gesamten Sohle im rechten Winkel auf der Unterlage, eine Position, die auch Zwergensitz genannt wird (➤ Abb. 4.119).

Der Zwergensitz ist nach dem symmetrischen Handstütz eine Position, die sehr instabil, beweglich und asymmetrisch ist. Erstmalig nimmt der Fuß Kontakt zur Unterlage auf und gewinnt Stützfunktion. In dieser Zeit zeigt das Kind auch Stehbereitschaft. Gerne hüpft es, gut festgehalten, auf den Oberschenkeln von Mutter oder Vater. Die Beine übernehmen ganz langsam das Körpergewicht in der Senkrechten und die Knie stabilisieren sich. Dass die Füße dabei noch eine starke Senk-Knick-Fußstellung zeigen, ist normal: Bis zum freien Gehen ist es eben noch ein langer Weg!

Bauchlage und Robben

In Bauchlage kann das Kind ein Spielzeug mit gestrecktem Arm ergreifen, welches ihm von oben angeboten wird. Dazu stützt es sich nur noch auf eine Hand und hebt den anderen Arm deutlich von der Unterlage ab.

Neben dem Drehen – jetzt auch vom Bauch auf den Rücken – entdeckt das Kind noch andere Möglichkeiten der Fortbewegung. Es beginnt, in Bauchlage um die eigene Achse zu kreiseln, eine Bewegung, die Pivoting genannt wird (➤ Abb. 4.123). Auch schiebt es sich im symmetrischen Handstütz nach rückwärts und stellt verblüfft fest, dass es sich dadurch immer mehr von dem Spielzeug entfernt, das es eigentlich erreichen wollte.

Etwas später gelingt ihm dann aber mit dem Robben die Vorwärtsbewegung (➤ Abb. 4.120). Das Verlangen nach dem Spielzeug außerhalb der Reichweite ist so groß, dass das Kind keine Anstrengung scheut. Und eigentlich hat es mit den vergangenen Meilensteinen schon alles gelernt, was es zum Robben braucht, nämlich den Ellenbogenstütz und die Gewichtsverlagerung zum Einzel-Ellenbogenstütz. Jetzt kann es sich im Wechsel mit den Armen auf dem Bauch nach vorne ziehen, wobei die Beine locker nachgezogen werden oder leicht mithelfen.

Der Meilenstein des Robbens ist erreicht! Er ist aber nur von kurzer Dauer, denn eigentlich möchte Ihr Kind höher hinaus. Es versucht, sich auf Händen

Abb. 4.119 Zwergensitz, noch mit etwas Unterstützung

Abb. 4.120 Robben

und Knien in den Vierfüßlerstand hochzudrücken und schaukelt hier vor und zurück (sog. Rocking). Das nur kurz auftretende Rocking ist wie manche anderen Bewegungsversuche des Kindes eine Art „Sackgasse", denn ein Spielzeug erreicht es mit dieser Bewegung nicht, weshalb es lieber wieder auf das Robben zurückgreift. Mit dem Rocking sammelt das Kind neue Erfahrungen im Kniestütz und bekommt schon mal eine Idee von der nächst höheren Position. Aber da aus einem Vierfüßlerstand noch keine Schrittstellung resultiert, führt das Rocking nicht zum eigentlichen Krabbeln. Erst der so genannte schräge Sitz bietet einige Wochen später die Schrittstellung der Arme und Beine und damit die Voraussetzung für das Krabbeln.

Hand- und Fußentwicklung

Aus dem Greifen mit der Daumenseite, das sich während der letzten Meilensteine beobachten ließ, entwickelt sich nun der so genannte unreife Pinzettengriff: Das Kind greift nicht mehr mit der gesamten Hand, sondern isoliert mit Daumen und Zeigefinger, vielleicht noch mit Hilfe des Mittelfingers. Dadurch können kleine Krümel zunehmend geschickter aufgehoben und untersucht werden. Anfangs können Daumen und Zeigefinger auch noch wie bei einer Schere gestreckt sein (➤ Abb. 4.121).

Einige Wochen später lässt sich dann der reife Pinzettengriff beobachten, bei dem sich die Fingerbeeren gezielt berühren (➤ Abb. 4.139).

In Rückenlage werden die Füße ausgiebig betrachtet, angefasst und in den Mund genommen (Hand-Fuß-Mund-Auge-Koordination). Dafür müssen die Hüftgelenke beweglich genug sein. In Bauchlage bringt das Kind mit angebeugten Kniegelenken die Fußsohlen zusammen (Fuß-Fuß-Koordination).

Mit dem Zwergensitz verlieren die Füße ihre reine Greiffunktion und beginnen zu stützen.

HINWEIS
Gehen Sie mit Ihrem Kind zum Arzt, wenn es mit 7 Monaten noch keine Gegenstände von der einen in die andere Hand geben kann.

Sonstige Fähigkeiten

Sprache Die Feinmotorik und die Sprachentwicklung sind eng miteinander verbunden. Das Kind beginnt, Doppelvokale wie „au" oder „ei", Silben wie „wa", „ba" und „ka" auszusprechen.

Sozialkontakt Viele Kinder beginnen jetzt zu fremdeln. Das Fremdeln bzw. die Trennungsangst setzt bei den meisten Kindern zwischen dem 6. und 9. Monat ein. Wenige Kinder fremdeln schon früher, wenige erst mit 2 Jahren. Die Fremdelphase dauert meist bis zum 2. oder 3. Lebensjahr an und ist von Kind zu Kind unterschiedlich ausgeprägt.

Das Fremdeln markiert einen wichtigen Abschnitt in der mentalen Entwicklung des Kindes, da es seine Gefühlslage stabilisiert. Es ist Ausdruck seiner Bindung an vertraute Menschen. Schon mit 2 Monaten unterscheidet es bekannte von unbekannten Personen und erkennt über Geruch, Stimme und taktile Wahrnehmung, ob es von einem ihm vertrauten Menschen getragen wird. Aber zu dem Zeitpunkt verhält es sich noch nicht unbedingt abweisend gegen fremde Personen.

Je ähnlicher die fremde Person den Eltern ist, desto weniger fremdelt das Kind. Die Natur sorgt durch das Fremdeln dafür, dass sich das Kind an die Personen hält, die es zuverlässig versorgen. Kinder, welche schon früh Kontakt mit unterschiedlichen Menschen haben, fremdeln häufig in abgeschwächter Form. Dagegen fremdeln Kinder mit wenigen Kontakten stärker und die Fremdelphase dauert länger an.

Abb. 4.121 Unreifer Pinzettengriff: Erstes Greifen mit Daumen und Zeigefinger

4.7 Siebter Meilenstein: Das Robben

Dem Kind unbekannte Personen sollten sein Fremdeln akzeptieren und ausreichend Distanz einhalten. Wenn sie dann noch Geduld haben und dem Kind genug Zeit zum Kennenlernen einräumen, wird es bald Vertrauen fassen.

4.7.2 Anregungen für Spiel und Bewegung

ZIELE
- Das Kind dreht sich vom Bauch auf den Rücken.
- In Bauchlage kreiselt es um die eigene Achse (Pivoting).
- Das Kind robbt.
- Es spielt im Zwergensitz.
- Es ertastet mit dem Mund seine Füße (Hand-Fuß-Mund-Koordination).

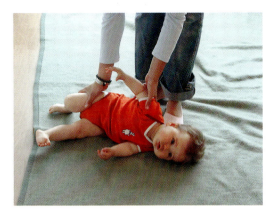

Abb. 4.122 „Da bist du ja wieder!" Viel Spaß beim Rollen durch die ganze Wohnung! Rollen Sie Ihr Kind über den Teppich, vom Bauch auf den Rücken und wieder weiter auf den Bauch. Jedes Mal, wenn es auf dem Rücken landet, werden Sie es mit einer erstaunten Begrüßung leicht zum Glucksen bringen. Dieses Spiel macht auch auf einer weichen Unterlage viel Spaß, z.B. auf einer Luftmatratze oder im Bett der Eltern.

Abb. 4.124 Die Neugier ist groß, aber das Spielzeug liegt so weit weg! An den Füßen können Sie Ihrem Kind eine kleine Starthilfe zum Robben geben. Es wird sich gern an Ihren Händen abdrücken und nach vorne Richtung Spielzeug robben.

Abb. 4.123 Um Ihr Kind dazu anzuregen, in Bauchlage um seine eigene Achse zu kreiseln (sog. Pivoting), locken Sie es mit einem Spielzeug von der Seite. Es wird versuchen, danach zu greifen, und wenn Sie es das Spielzeug nicht ganz erreichen lassen, wird es sich vielleicht auf seinem Bauch kreiselförmig um sich selbst drehen. Die Wirbelsäule erfährt dadurch eine starke Seitneigung und die Rumpfmuskeln eine gute Vorbereitung für die Krabbelphase.

Abb. 4.125 Oder Sie umfassen Schultern oder Becken Ihres Kindes und schaukeln es etwas von der einen auf die andere Seite. Die Gewichtsverlagerung entlastet jeweils eine Seite und gibt der anderen Seite einen Impuls zum Abdrücken.

Abb. 4.126 Bergauf gelingt das Robben leichter, weil die Ellbogen durch die Schräge etwas entlastet sind. Sie können eine feste Matratze oder auch ein Brett auf einer Seite leicht erhöhen. Jetzt fehlen dem Kind nur noch ein interessantes Spielzeug und vielleicht noch Ihre Hände, an denen es sich mit den Füßen abdrücken kann.

Abb. 4.127 „Halt' mich fest!" Langsam entfernt sich die Ente. Tiere zum Nachziehen, die langsam davonrollen, locken Ihr Kind.

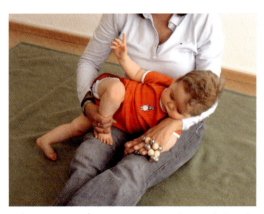

Abb. 4.128 Der Zwergensitz: Es ist gar nicht so einfach, in der Seitenlage mit aufgestütztem Arm das Gleichgewicht zu halten. Aber über den Zwergensitz kann sich Ihr Kind allmählich aufrichten. Auf Ihrem Schoß ist der Zwergensitz zunächst einfacher, Sie können den Fuß Ihres Kindes aufstellen und fixieren und mit Spielzeug locken. Vielleicht hebt Ihr Kind schon den Kopf ab.

Abb. 4.129 Das funktioniert auch gut, wenn Sie sich in Seitenlage hintereinander legen. Ihr Kind hat dann noch etwas mehr Halt. Stellen Sie sein oberes Bein rechtwinklig auf, so dass die Ferse in Höhe des Schambeins steht. Jetzt verstärken Sie den Auflagedruck des Fußes, indem Sie über das Knie einen leichten Druck Richtung Unterlage geben. Damit gelingt es Ihrem Kind auch leichter, sich auf seinen Unterarm zu stützen und den vollständigen Zwergensitz einzunehmen. Eine Hand wird frei und kann nach Spielzeug greifen.

4.7 Siebter Meilenstein: Das Robben

Abb. 4.130 In diesen Positionen können Sie auch die Fußsohle leicht aufdehnen und dem Einkrallen der Zehen entgegenwirken. Greifen Sie von vorne unter den aufstehenden Fuß und dehnen diesen leicht nach oben auf. Achten Sie darauf, dass Sie weit genug unter den Fuß greifen, damit nicht nur die Zehen, sondern der gesamte Vorfuß aufgedehnt wird. Diese Übung dient der späteren Formung des Fußgewölbes. Achten Sie auch darauf, dass der Fuß vermehrt auf der Außenkante steht.

Abb. 4.131 In Seitenlage können Sie wieder den aufgestellten Fuß Ihres Kindes fixieren. Geben Sie zudem einen leichten Zug an der Schulter, so dass Ihr Kind seinen Kopf anhebt und sich auf seinen Unterarm stützt.

Abb. 4.132 Wenn Ihr Kind den Zwergensitz kennt, wird es zunehmend weniger Unterstützung brauchen. Vielleicht reicht ein Impuls an der Schulter, damit es sich aus der Rückenlage auf die Seite dreht und auf den Unterarm stützt.

Abb. 4.133 Eine kleine Erhöhung kann das Kind mit Ihrer Hilfe schon meistern. Legen Sie Spielzeug auf ein Polster und geben Sie Ihrem Kind noch etwas Halt an den Füßen: So kann es sein Becken leichter umstellen und trainiert seine Bauchmuskeln.

Abb. 4.134 Vergessen Sie nicht: Sie selbst sind das beste „Turngerät" für Ihr Kind!

Abb. 4.135 Helfen Sie Ihrem Kind, mit seinen Händen einen oder beide nackten Füße zu ergreifen und sie mit Mund und Zunge zu erforschen. Das geht in Rücken- und Seitenlage, aber auch gut auf dem Schoß. Ziehen Sie Ihrem Kind immer mal wieder die Socken aus, streicheln und drücken Sie die Füße und achten Sie darauf, dass sie warm und belebt sind.

Abb. 4.136 Große Socken kann sich Ihr Kind leicht selbst ausziehen und dabei seine Füße entdecken.

Abb. 4.137 Knöpfe, Reißverschlüsse, verschiedene Stoffe und Bänder, das Erlebnistuch wird genau erforscht.

4.8 Achter Meilenstein: Der schräge Sitz

Viele Kinder möchten jetzt selbständig essen. Auch wenn nicht alle Nahrung den Weg zum Mund findet, lassen Sie Ihr Kind ruhig gewähren. Es wird ihm viel Spaß machen, weichgekochte Erbsen mit der Hand oder auch schon mal mit dem Pinzettengriff aufzunehmen und in den Mund zu stecken. Auch Brotwürfel schmecken wunderbar und können gekaut oder gelutscht werden. Äpfelstücke dagegen sind eher ungeeignet. Da sie sich beim Verschlucken nicht auflösen, besteht im schlimmsten Fall Erstickungsgefahr. Erst im Kindergartenalter, also mit ca. 3 Jahren, kauen die Kinder die Apfelstücke richtig. Vorher schmecken gekochte Äpfel bzw. Apfelmus.

Der Bewegungsradius des Kindes hat sich in den letzten Wochen enorm vergrößert, robbend kommt es durch die ganze Wohnung und der Sitz erschließt den Raum nach oben. Die Welt ist spannend! Oft fällt es dem Kind schwer, sich abends ruhig und entspannt dem Schlaf zu überlassen. Den Übergang zwischen Tag und Nacht können Sie für sich selbst und Ihr Kind durch eine feste Einschlafzeremonie schön gestalten und erleichtern. Zu einem solchen Ritual kann das Erzählen gehören („Was haben wir heute erlebt?"), das ruhige Wiegen und Schmusen,

4.8 Achter Meilenstein: Der schräge Sitz

ein gemeinsames Lied oder auch noch die Spieluhr aus der ganz frühen Babyzeit. Durch konsequentes Einhalten der Zeremonie kann sich Ihr Kind auf das Zubettgehen einstellen. Dabei ist es nicht wichtig, dass beide Elternteile dieselbe Zeremonie durchführen; sie sollten nur bei ihrem jeweils eigenen Verhalten bleiben.

Viele Kinder erreichen diesen Meilenstein am Ende des 8. Monats.

> **HINWEIS**
> Gehen Sie mit Ihrem Kind zum Arzt, wenn es sich mit 8 Monaten noch nicht vom Rücken auf den Bauch dreht.

Abb. 4.138 Der schräge Sitz

4.8.1 Merkmale

Fortbewegung und Aufrichtung

Dieser Meilenstein steht ganz im Sinne der Fortbewegung und der Aufrichtung. Bewegung macht Spaß! Das Kind dreht sich mit Leichtigkeit auf den Bauch und wieder zurück, kreiselt in Bauchlage um die eigene Achse, robbt schnell und gut durch die ganze Wohnung. Es greift nach Spielzeug, untersucht es gekonnt in Rückenlage oder spielt mit ihm im Zwergensitz. Und es findet zum ersten Mal und eigenständig eine richtige Sitzposition, den so genannten schrägen Sitz (> Abb. 4.138).

Das Kind hat verschiedene Möglichkeiten, zum schrägen Sitz zu kommen, z.B. indem es sich im Zwergensitz nicht mehr nur auf den Unterarm stützt, sondern im Handstütz nach oben stemmt. Damit werden das Gesäß und der unten liegende Oberschenkel erstmalig seitlich belastet: Das Kind sitzt, Hüft- und Kniegelenke sind angewinkelt. Es braucht jetzt nur noch eine Hand zum Stützen; die andere wird frei, kann über den Kopf genommen werden, mit Spielzeug hantieren oder kleine Krümel vom Boden auflesen.

Eine weitere Möglichkeit, in den schrägen Sitz zu gelangen, bietet der symmetrische Handstütz in Bauchlage. Das Kind richtet seinen Rumpf so gut auf, dass nur noch die Oberschenkel belastet und die Hüftgelenke vollständig gestreckt sind. Stemmt sich das Kind noch höher, kommt es zu einer reflektorischen Anspannung der Bauch- und Hüftbeugemuskulatur: Das Kind erreicht den Vierfüßlerstand, aus dem heraus es sein Becken seitlich auf die Unterlage bringen und sein Gesäß belasten kann.

Der schräge Sitz ist noch asymmetrisch und bedarf noch einer Stützhand, aber er ist die Brücke zwischen den liegenden und den aufrechten Positionen des Kindes und bahnt den Weg in die Aufrichtung. Etwas später wird das Kind aus dem schrägen Sitz in den Vierfüßlerstand und zum Krabbeln gelangen und sich über den Kniestand an Möbeln hochziehen können. Außerdem kann es leichter und höher nach oben greifen. Nur aus dem schrägen Sitz entdeckt das Kind selbständig den Langsitz, indem es den Oberkörper etwas von der Stützhand wegdreht und die Beine streckt. Er wird zunächst noch als unreifer Langsitz bezeichnet, wenn die Beine nach innen oder zu weit nach außen rotiert und Becken und Wirbelsäule noch zu stark gebeugt – noch nicht „entfaltet" – sind. Aber jetzt hat das Kind beide Hände frei und kann sich voller Neugier dem feinmotorischen Spiel widmen.

Solange das Kind noch nicht den so genannten reifen Langsitz (> Kap. 4.9) beherrscht, sollten Sie es noch nicht passiv hinsetzen.

Hand- und Fußentwicklung

Nun verfeinert sich das Greifen erneut und der reife Pinzettengriff entwickelt sich. Der Pinzettengriff ist ein Präzisionsgriff, denn Daumen und Zeigefinger werden wie eine Pinzette benutzt: Es berühren sich präzise die Fingerbeeren. So können kleine Perlen

Abb. 4.139 Pinzettengriff. Leckere Krümel werden präzise aufgegriffen und verspeist.

aus einer Dose geholt oder Krümel noch gezielter aufgelesen werden (> Abb. 4.139).

Zu Beginn dieses Pinzettengriffs trifft der Daumen noch seitlich am Zeigefinger auf. Später erreicht er genau dessen Spitze. Der Daumen kommt dabei immer mehr in die Abspreizung (sog. Daumenopposition). Das ältere Kind (ab dem 3. Lebensjahr) sollte den Daumen zu allen Fingerspitzen bringen sowie den kleinen Finger und den Daumen zueinander führen können. Ist die Feinmotorik nur unzureichend entwickelt, bringt das Kind den Daumen wie beim Schlüsselhalten nur an die Außenseite des Zeigefingers und wird später Schwierigkeiten haben, einen Stift zu halten.

Der Pinzettengriff unterscheidet uns von allen anderen Säugetieren. Nur der Affe kann ebenfalls den Daumen zum Zeigefinger bringen, jedoch nicht den kleinen Finger zum Daumen, wodurch dem Menschen noch weit vielfältigere Handlungen möglich sind. Dieser kleine Griff ist für die Entstehungsgeschichte der Menschheit von großer Bedeutung, denn die fortschreitende Handnutzung führte zu einer enormen Massezunahme des Gehirns, insbesondere im Bereich des Stirnhirns. Handlungen bewusst werden zu lassen, zu planen und die Konsequenzen bestimmter Handgriffe zu reflektieren, das sind Aufgaben des Stirnhirns, die bei uns Menschen in einzigartiger Weise ausgebildet sind.

Mit diesem Meilenstein werden nicht nur die Finger, sondern auch die ganzen Hände immer vielfältiger und gezielter eingesetzt. Sie stützen, ziehen und greifen. Zudem beginnt das beidhändige Greifen. Nun kann das Kind mit beiden Händen je einen kleinen Gegenstand halten und ihn in die andere Hand bewusst übergeben. Dazu ist es notwendig, dass es die Hände unabhängig voneinander öffnen und schließen kann. Vor dieser Zeit kann es passieren, dass es einen Gegenstand mit einer Hand festhält und mit der freien Hand nach einem neuen Gegenstand greifen möchte. Dabei fällt der erste Gegenstand aus der Hand, da sich diese mit öffnet.

Mit der allmählichen Aufrichtung verbessert sich auch die Stehbereitschaft der Füße, wodurch die Beinmuskulatur gestärkt wird.

Sonstige Fähigkeiten

Sprache Silbenverdoppelungen wie „dadada", „gagaga" oder „mamama" werden gebildet. Kinder hören interessiert bei Gesprächen zwischen Erwachsenen zu. Sie ahmen Laute nach, welche vorgesprochen werden und sind fasziniert von den Bewegungen des Mundes, der diese Laute hervorbringt. Mit der Hand wird der Mund des Gegenübers ertastet.

Sehen Mit der Fähigkeit, nun scharf und dreidimensional zu sehen, erwacht eine unstillbare Neugierde, alles genau zu untersuchen, was unter die Augen und in die Finger gerät.

Sozialverhalten Die Mimik des Kindes ist sehr lebhaft; Gefühle prägen den Gesichtsausdruck. Das Kind schaut seinem Spiegelbild in die Augen und betastet es mit Hand und Mund.

Verstecken spielen macht jetzt großen Spaß. Auch Spielzeug, welches unter einem Tuch versteckt wird, bleibt nicht lange unentdeckt. Was für Dinge gilt, gilt auch für Menschen: Ist die Mutter in einem anderen Raum, muss sich das Kind nicht ständig ihrer Anwesenheit vergewissern. Dies ist ein Zeichen für die Entwicklung des Kurzzeitgedächtnisses.

4.8.2 Anregungen für Spiel und Bewegung

Beide Hände werden zum Spielen frei, so dass Ihr Kind plötzlich viele neue Spielmöglichkeiten entdeckt. Geben Sie ihm Alltagsgegenstände, Topf und Löffel zum Trommeln und Rühren oder den schon bewährten Korb mit Wäscheklammern. Auch leere

4.8 Achter Meilenstein: Der schräge Sitz

Plastikflaschen mit verschiedenen Verschlüssen werden oft mit viel Geduld erforscht. Ein wunderbares Spielzeug ist eine Röhre aus Plastik oder Pappe, durch die Sie mit Ihrem Kind kleine Bälle hindurchrollen lassen können.

ZIELE
- Das Kind begibt sich in den Vierfüßlerstand.
- Es entdeckt den schrägen Sitz.
- Es benutzt den Pinzettengriff.

Abb. 4.142 Legen Sie Ihr Kind mal auf einen Spiegel. Es wird sich aufstützen und vielleicht auch schon mit etwas Unterstützung in den Vierfüßlerstand kommen.

Abb. 4.140 Fertig ist der Vierfüßlerstand! Ein Badehandtuch kann hilfreich sein, das Sie unter dem Bauch Ihres Kindes breit hindurchführen und etwas anheben. Der Handstütz wird leichter und das Kind kann seine Beine besser anbeugen.

Abb. 4.143 Gut gesichert: der Vierfüßlerstand auf dem großen Ball!

Abb. 4.141 So wird der Vierfüßlerstand sicherer: Halten Sie Ihr Kind am Becken und schaukeln Sie es leicht vor und zurück (Rocking).

Abb. 4.144 Wenn das Ihrem Kind Spaß macht, rollen Sie den Ball langsam vor und zurück, hin und her.

Abb. 4.145 Ein alter Koffer weckt mit seinen Schnallen, seinem Griff und seinem geheimnisvollen Inhalt die Neugier eines jeden Kindes. Er bietet vielfältige Spielmöglichkeiten, die das älter werdende Kind nach und nach mit Freude entdeckt. Jetzt kann es zum Koffer robben und sich daran hochziehen, um ein Spielzeug zu erreichen. Es kommt in den erhöhten Vierfüßlerstand, bei dem es erstmalig seine Knie belastet. Zudem hat das Trommeln auf dem Koffer seine musikalischen Reize.

Abb. 4.146 Auch ein großer Korb weckt die Neugier Ihres Kindes. Aus dem Vierfüßlerstand zieht es sich nach oben auf die Knie.

Abb. 4.147 Aus dem Vierfüßlerstand findet Ihr Kind mit etwas Hilfe leicht in den schrägen Sitz. Halten Sie es am Becken und bringen Sie seinen Po seitlich Richtung Unterlage.

Abb. 4.148 Das funktioniert auch gut, wenn Ihr Kind den Vierfüßlerstand über Ihrem Bein einnimmt. Jetzt kann es sich seitlich auf den Po setzen und mit Ihnen brabbeln und spielen.

4.8 Achter Meilenstein: Der schräge Sitz

Abb. 4.149 Gleichgewicht halten! Setzen Sie sich auf einen Stuhl oder in den Langsitz auf den Boden. Ihr Kind sitzt angelehnt auf Ihrem Schoß. Stützen Sie es am Rumpf oder an den Schultern. Jetzt können Sie gemeinsam schaukeln, d.h. das Gewicht von der einen auf die andere Gesäßhälfte verlagern und auf jeder Seite einen Moment innehalten. Ihr Kind wird Ihre Bewegung mit viel Spaß mitmachen, wird seine belastete Rumpfseite strecken und die unbelastete verkürzen – eine Fähigkeit, die es für seine weitere Aufrichtung benötigt. Auch wird es seinen Kopf immer wieder so im Raum einstellen, dass die Augen horizontal stehen.

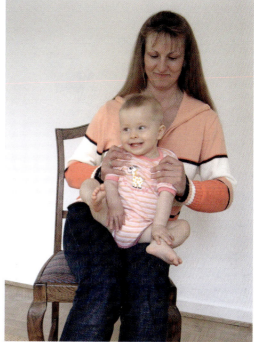

Abb. 4.150 Sitzen, Schaukeln und dann noch Drehen! Das geht, denn allmählich bewegt Ihr Kind seine Wirbelsäule in allen drei Dimensionen. Schaukeln Sie mit Ihrem Kind wie bei Abb. 4.149 beschrieben, nur fügen Sie der Seitneigung eine Drehung hinzu: Wenn Sie nach rechts schaukeln, drehen Sie sich nach links und umgekehrt.

Abb. 4.151 „Nicht umkippen!" Der schräge Sitz auf einem Trampolin, einer Luftmatratze oder einem Wackelkissen fördert das Gleichgewicht und die Reaktionsfähigkeit. Bringen Sie das Trampolin sanft mit Ihrer Hand in Schwingung und achten Sie darauf, dass Ihr Kind den schrägen Sitz auf beiden Seiten einnehmen kann.

Abb. 4.152 Auch das Babyschwimmbad trainiert das Gleichgewicht im Sitz. Sie können Ihrem Kind auch Bälle mit ins Schwimmbad geben. Wahrscheinlich wird es sie hinauswerfen und wieder einsammeln und dabei häufig die Positionen wechseln.

Abb. 4.153 Der schräge Sitz macht Spaß und wird sicherer auf einem großen Ball. Halten Sie Ihr Kind gut am Becken fest!

Abb. 4.154 Ein Korb mit Wäscheklammern wird begeistert aus- und vielleicht auch wieder eingeräumt.

Abb. 4.155 Auch eine Perlenkette wird genau erforscht.

Abb. 4.156 Spiel mit der Wolke: Ein blaues Tuch schwebt immer wieder herab und das Kind freut sich auf die Freude.

4.9 Neunter Meilenstein: Das Krabbeln

Der schräge Sitz, das Krabbeln, der Langsitz und das Hochziehen an Möbeln lassen sich kurze Zeit nacheinander und zuweilen sogar in unterschiedlicher Reihenfolge beobachten. Viele Kinder machen Ende des 9. Monats die ersten Krabbelversuche und setzen sich vielleicht sogar schon zum Spielen in den so genannten reifen Langsitz, bei dem die Beine gestreckt sind, die Kniescheiben nach oben bzw. leicht nach außen zeigen und die Wirbelsäule aufgerichtet ist (➢ Abb. 4.157).

Das Kind erlernt den Langsitz, weil es sich brennend für sein Spielzeug interessiert und dieses mit beiden Händen erforschen möchte. Ein Kind ohne diese Neugier wird sich nicht hinsetzen, auch wenn es das entsprechende Alter hat und seine Motorik dazu bereit wäre. Beherrscht das Kind allerdings den Sitz, wird es ihn immer wieder einnehmen, weil er ihm mehr Möglichkeiten bietet, das Umfeld aus einer höheren Warte zu erforschen.

Abb. 4.157 Langsitz auf großem Ball

BEACHTE
Erst wenn das Kind über den schrägen Sitz selbständig in den reifen Langsitz gefunden hat, darf es passiv hingesetzt werden, denn erst dann ist die Wirbelsäule stabil genug und kann vertikal belastet werden. Vorher beherrscht das Kind noch nicht die Bewegungsmuster, mit deren Hilfe es den Sitz erreicht bzw. die Sitzposition auch wieder verlassen kann. Manche Kinder beginnen dann, sich auf dem Gesäß rutschend fortzubewegen anstatt zu krabbeln, eine unkonventionelle Fortbewegungsweise, die sich hemmend auf die weitere Bewegungsentwicklung auswirkt.

Auch das Sitzen im Hochstuhl wirkt erst dann nicht mehr schädigend auf die Wirbelsäule Ihres Kindes, wenn es frei und selbständig sitzen kann. Sobald Ihr Kind krabbelt und in den Langsitz gefunden hat, können Sie es jedoch bedenkenlos zum Essen in den Hochstuhl setzen. Der Rücken sollte dabei vom Kopf bis zum Becken gerade und aufgerichtet sein. Es gibt verschiedene Modelle von Hochstühlen, aus unterschiedlichen Materialien, in verschiedenen Größen und Farben. Der Stuhl muss absolut kippsicher sein und von der Größe passen; für kleine, zierliche Kinder ist eine Sitzverkleinerung sinnvoll. Geeignet sind „mitwachsende" Stühle, die das Kind bis weit in die Schulzeit begleiten.

Auch im Kinderwagen darf Ihr Kind nun sitzen und die Welt aus einer höheren Position betrachten. Es wird viel Interessantes entdecken und sich nur noch ungern hinlegen. Stellen Sie die Rückenlehne hoch und drehen Sie auch mal die Sitzvorrichtung, so dass Ihr Kind auch mal in Fahrtrichtung schauen kann. Denken Sie aber daran, selbst Kinder, die schon laufen können, benötigen noch einen Kinderwagen und vor allem bei Müdigkeit die entlastende, flache Rücken- oder Bauchlage.

Vielen Kindern wird jetzt der Autositz zu klein und sie benötigen einen größeren. Wenn Sie auf längere Touren nicht verzichten können, sollte sich die Rückenlehne in Schlafposition bringen lassen.

Sobald sich das Kind aktiv in den Stand hochzieht, können Sie ihm kurze Fahrten im Fahrradsitz zumuten, achten Sie aber darauf, dass es nicht ermüdet, zusammensackt und einschläft. Dann verliert die Wirbelsäule ihre Stabilität und wird ungünstig gestaucht. Mit längeren Radtouren sollten Sie sich Zeit lassen; die Wirbelsäule ist erst dann auch in der Vertikalen ganz aufgerichtet und entfaltet, wenn das Kind läuft. Dasselbe gilt für das Tragen im Kinderrucksack.

4.9.1 Merkmale

Fortbewegung und Aufrichtung

Aus dem schrägen Sitz entwickelt sich zunächst das so genannte unreife Krabbeln, d.h. das Kind krabbelt zunächst auf noch nicht vollständig geöffneten Händen und auf den Knien, während Füße und Unterschenkel noch abgehoben sind. Dabei ist es unsicher und vorsichtig. Oft steht die Wirbelsäule noch im Hohlkreuz und der Rumpf bleibt in der Vorwärtsbewegung gerade. Mit zunehmender Übung wird das Kind so krabbeln, dass der Rumpf mit jedem Schritt seitlich ausschwingt und die Unterschenkel nicht mehr abgehoben sind.

Auch wenn man heute Gegenteiliges lesen kann: Das Krabbeln ist für die motorische Entwicklung des Kindes von großer Bedeutung. Lassen die Kinder diesen Meilenstein aus, so entwickeln sich vor allem die Fähigkeiten Koordination und Gleichgewicht nicht optimal. Diese Defizite überwinden die Kinder dann auch später nicht mehr.

Wenn Eltern ihre Kinder jedoch frühzeitig an die Bauchlage gewöhnen und sie nicht zu früh hinsetzen oder gar hinstellen, entdecken die meisten Kinder das Krabbeln als schnelle Fortbewegungsart vor dem Gehen. Dadurch gewinnt der Rumpf an Stabilität, die Beine nehmen die Schrittfolge des späteren Gehens vorweg. Mit jedem Schritt trainiert das Kind die Koordination von Armen und Beinen. Über die abwechselnd stützenden Hände und Knie verbessert sich das Gespür für die Stellung der Gelenke: Die so genannte Tiefensensibilität entwickelt sich, die eine Voraussetzung für ein gutes Gleichgewicht ist.

Gutes Krabbeln ist auch von den Bodenverhältnissen der Wohnung abhängig; auf Parkett oder auf Fliesen krabbelt es sich einfach schlechter als auf Teppichboden. Im Sommer kann man sein Kind einfach mal auf den Rasen legen und es wird – weil das Gras kitzelt – ganz schnell die Aufrichtung entdecken.

In der Krabbelphase ist kein Schrank, keine Schublade mehr vor Ihrem Kind sicher. Nach interessanten Aufgaben suchend krabbelt es durch die Wohnung. Hat es sein Ziel erreicht, setzt es sich in den reifen Langsitz, wobei die Beine gestreckt und locker nach außen fallen und Wirbelsäule und Becken ganz aufgerichtet sind. So lässt sich gut der Inhalt der Schublade erforschen. Ausräumen macht Spaß; das Einräumen wird meist anderen überlassen. Auch so manche Blume leidet, weil es die meisten Kinder lieben, die Erde auszuräumen und die Wurzeln freizulegen.

Durch das Krabbeln gewinnt das Kind so viel Rumpfstabilität, dass es beginnt, seine Arme nach oben zu strecken und sich an festen Gegenständen hochzuziehen. Dabei zieht es sich symmetrisch mit beiden Armen hoch und streckt beide Beine. Später ist es in der Lage, sich nur noch mit einem Arm hochzuziehen, indem das gleichseitige Bein in den Boden stemmt (➤ Abb. 4.183).

Im noch breiten Stand wippt es dann mit Begeisterung und Ausdauer hoch und runter. Um das Gleichgewicht halten zu können, muss es sich noch gut mit beiden Händen festhalten.

Verschiedene Möglichkeiten des Sitzens

Jedes Kind ist in seinen Sitzgewohnheiten individuell. Manche Kinder bevorzugen einen Sitz, andere wechseln häufig die verschiedenen Sitzpositionen, die ihnen nun zur Verfügung stehen:

- Der Ringsitz ist der Vorläufer des Langsitzes. Beim Ringsitz werden die Beine leicht gebeugt und die Kniescheiben zeigen nach außen. Die Lendenwirbelsäule ist dabei noch rund geformt (➤ Abb. 4.160). Aber beide Hände sind zum Spielen frei!
- Der reife Langsitz ist eine symmetrische Sitzposition, d.h. das Kind sollte seine Mitte gefunden haben und gleichmäßig auf beiden Poseiten sitzen. Die Beine sind gestreckt, die Kniescheiben zeigen nach oben und die Wirbelsäule ist aufgerichtet. Belastet es vermehrt nur eine Gesäßhälfte, so können Sie Ihrem Kind helfen, seine Mitte zu finden, indem Sie dem etwas abgehobenen Beinchen einen leichten Druck nach unten geben.
- Im Seitsitz braucht sich das Kind nun nicht mehr mit einer Hand aufzustützen, wie noch Wochen vorher im schrägen Sitz, sondern hat beide Hände zum Spielen frei (➤ Abb. 4.161). Kinder mit einer noch bestehenden Asymmetrie haben Schwierigkeiten, den Seitsitz beidseitig einzunehmen und bevorzugen eine Seite. In dem Fall sollte der Arzt nach der Ursache schauen.

Abb. 4.158 Krabbeln

Abb. 4.159 Aufrichtung an glatter Fläche

4.9 Neunter Meilenstein: Das Krabbeln

Abb. 4.160 Ringsitz

Abb. 4.162 Fersensitz

Das Kind wird zunehmend sicherer bei der Kombination der verschiedenen Sitzpositionen. Über den Langsitz wechselt das Kind die Gesäßhälfte, die es beim Seitsitz belastet. Symmetrische und asymmetrische Sitzpositionen wechseln sich ab. Aus dem Seitsitz kommt das Kind in den Vierfüßlerstand und dann krabbelnd in die Fortbewegung.

Hand- und Fußentwicklung

Die Finger- und Handmotorik wird immer präziser, alles wird genau mit den Fingern untersucht.

Beine und Füße zeigen immer mehr Stehbereitschaft. Unsicherheiten lassen sich noch an den eingekrallten Zehen erkennen.

Die Feinmotorik der Hände und Füße ist umso besser, je besser sich die Wirbelsäule gestreckt und das Becken aus der Hohlkreuzhaltung umgestellt hat, denn Hände und Füße spiegeln in ihrer Präzision die Entfaltung der Wirbelsäule. Ist die Brustwirbelsäule noch zu rund geformt, hat auch das Schulterblatt noch nicht die Position auf dem Brustkorb eingenommen, die eine freie Arm-, Hand- und Fingerbeweglichkeit ermöglicht. Es bringt dann recht wenig, mit einem Kind nur die Feinmotorik zu üben. Das Krabbeln dieses Meilensteins fördert die Entfaltung der Wirbelsäule und somit den präzisen Gebrauch von Hand und Fingern.

Abb. 4.161 Seitsitz

- Das Kind kommt in den Fersensitz, wenn es zu einem Möbelstück krabbelt und das Gewicht Richtung Füße verlagert, um sich hochzuziehen. Es sitzt dann direkt auf den Knien, der Po ruht auf den Fersen (➤ Abb. 4.162).
- Der Zwischenfersensitz (➤ Abb. 4.244) kann dann auf ein Problem hinweisen, wenn er übermäßig häufig eingenommen wird. Nimmt Ihr Kind kaum andere Sitzpositionen ein, sollte der Arzt die Hüftgelenke auf ihre Beweglichkeit testen.

Sonstige Fähigkeiten

Sprache Viele Kinder benutzen jetzt unterschiedliche Silben und Silbenketten. Dabei variieren sie

Lautstärke und Tonhöhe. Aus den Silbenketten „ma-ma-ma" und „ba-ba-ba" bilden sie später die Wörter Mama und Papa. Weitere Silben sind auch „da-da", „ada".

Das Kind versteht einzelne Wörter und ihre Bedeutung wie Mütze, Jacke, Spazierengehen. Sein passives Sprachverständnis wächst. Fragen Sie es nach seiner Nase, seinem Bauch, seinen Füßen, und es wird stolz an die richtigen Stellen greifen.

Sozialverhalten Das Kind interessiert sich für Gespräche und hört interessiert zu, wenn Erwachsene sich unterhalten. Beim gemeinsamen Essen will es dabei sein.

Typisch ist jetzt das beginnende Nachahmen. Das Kind klatscht beim „Backe, Backe, Kuchen" in die Hände und winkt beim Verabschieden.

4.9.2 Anregungen für Spiel und Bewegung

Mit der zunehmenden Merkfähigkeit des Kindes ergeben sich neue Spielmöglichkeiten. Ihr Kind wird jetzt das Guck-Guck-Spiel in allen Variationen lieben: Verstecken Sie Ihr Gesicht hinter Ihren Händen und zeigen Sie sich wieder, nehmen Sie ein Seidentuch und ziehen Sie es über das freudig-erstaunte

Abb. 4.163 Setzen Sie sich zu Ihrem Kind auf den Boden und lassen Sie es an Ihnen hochklettern. Auch wenn Sie es in anderen Situationen auf den Arm nehmen möchten, fordern Sie es dazu auf, ein Stückchen an Ihnen hochzuklettern.

Abb. 4.164 Legen Sie Ihrem Kind Hindernisse in den Weg, z.B. Kissen oder Polster. Animieren Sie Ihr Kind, darüber zu klettern.

Abb. 4.165 Sie können sich auch selbst in den Weg legen oder setzen und Ihr Kind über sich krabbeln lassen. Oder auch mal mit ihm balgen!

Abb. 4.166 Solange Ihr Kind noch unsicher krabbelt, halten Sie es im Vierfüßlerstand am Becken und geben die Bewegungen zum Krabbeln vor.

4.9 Neunter Meilenstein: Das Krabbeln

Gesicht Ihres Kindes. Sie können auch Spielzeug unter dem Tuch verstecken und Ihr Kind das Spielzeug suchen lassen. Es wird immer wieder begeistert das Tuch wegziehen.

Zu Beginn des 4. Kapitels wurde bereits Spielzeug genannt, das dem nun komplexer werdenden Spiel des Kindes entgegenkommt.

ZIELE
- Das Kind krabbelt.
- Es kommt selbständig in Seitsitz und Langsitz.
- Es entdeckt immer mehr den Raum über dem Kopf und streckt sich nach oben.

Abb. 4.169 Die Polstertreppe: Hier kann sich Ihr Kind aufrichten, hochziehen, krabbeln und klettern.

Abb. 4.167 Eine ganz neue Erfahrung: Auf Händen, Knien und Rädern krabbeln!

Abb. 4.170 Vielleicht hat Ihr Kind Lust, zwischen Polster und Wand zu spielen. Durch das Abdrücken an der Wand und Abstützen auf dem Schaumstoff aktiviert es die Rumpfmuskeln, die es zur Aufrichtung braucht.

Abb. 4.168 Bauen Sie eine schräge Ebene mit einem breiten Brett und locken Sie Ihr Kind mit seinem Lieblingsspielzeug. Vielleicht wird es zunächst robben, dann aber feststellen, dass Krabbeln weniger anstrengend ist.

Abb. 4.171 Setzen Sie sich zu zweit gegenüber; vielleicht findet Ihr Kind Gefallen daran, zwischen Ihnen hin und her zu krabbeln.

Abb. 4.172 Lassen Sie Ihr Kind unter Stühlen hindurchkrabbeln. Bauen Sie ihm eine Höhle mit Decken oder ein Haus mit Tür und Fenster aus einem großen Karton.

Abb. 4.173 „Wer bekommt den Ball?" Krabbeln Sie mit Ihrem Kind durch die Wohnung. Es wird ihm und Ihnen viel Spaß machen.

Abb. 4.174 „Fang' mich!" Krabbeln Sie hinter Ihrem Kind her und versuchen Sie, es zu fangen.

Abb. 4.175 Krabbeln durch einen Tunnel: Das ist für manche Kinder eine richtige Mutprobe!

Abb. 4.176 Kinder klettern gerne in Schränke. Vielleicht findet sich im Wohnbereich ein Schrank oder eine Schublade, die ganz persönlich für Ihr Kind da ist. Hier kann das Kind Plastikschüsseln ein- und ausräumen. Oder es kann sich darin auch einmal verstecken.

Abb. 4.177 „Achtung, das Boot kentert!" Wenn sich Ihr Kind selbständig hinsetzen kann, darf es auch im Babyschwimmbad versuchen, sein Gleichgewicht zu halten. Je nach Temperament mag es sanft oder auch wilder hin und hergeschaukelt werden.

Abb. 4.178 Auch auf dem großen Ball sitzend kann Ihr Kind Gewichtsverlagerung und Koordination trainieren.

Abb. 4.180 Es kann auch bäuchlings in der Hängematte schaukeln, vielleicht sogar stützen und spielen.

Abb. 4.179 Eine Hängematte dient nicht nur der Entspannung. Hängt sie tief genug, kann sich Ihr Kind interessantes Spielzeug daraus angeln.

Abb. 4.181 Und das ist wahrscheinlich das Schönste: Schaukeln, Verstecken und wieder Entdecken!

4.10 Zehnter Meilenstein: Der Halbkniestand

Diesen Meilenstein erreichen viele Kinder mit oder nach dem Krabbeln am Ende des 10. Monats.

In der Zeit brechen häufig die Backenzähne durch und das Kind braucht zunehmend festere Nahrung. Wenn Sie die schöne Sitte des gemeinsamen Essens pflegen, lassen Sie Ihr Kind teilhaben, kleine Portionen von Ihren Speisen probieren, aus einer richtigen Tasse trinken usf. Nehmen Sie es freudig in Ihrer Runde auf. Bestimmen Sie, was und wann gegessen wird, lassen Sie aber Ihr Kind entscheiden, wie viel es essen möchte (➤ Abb. 4.182).

Genießen Sie gemeinsam und in aller Ruhe das Essen, wenn möglich ohne Ablenkung, Zeitung oder Fernsehen. Das Kind sollte sein Essen auch anfassen, untersuchen und bewusst wahrnehmen dürfen. Setzen Sie aber Grenzen, wenn es beginnt, in einer Weise mit dem Essen zu spielen, die Sie nicht mehr tolerieren. Seien Sie sich bewusst, dass Ihr Kind in dieser ersten Zeit am Familientisch durch Ihr Vorbild eine Vorstellung davon gewinnt, was Essen bedeutet, ob es ein gleichermaßen soziales wie sinnliches Erlebnis ist oder ein hektischer, von Verboten begleiteter Vorgang.

Abb. 4.182 Essen und Trinken

Abb. 4.183 Hochziehen aus dem Halbkniestand

4.10.1 Merkmale

Hochziehen in den Stand

Die beiden letzten Meilensteine, der schräge Sitz und das Krabbeln, bieten die Voraussetzung für die weitere Aufrichtung des Kindes. Im schrägen Sitz richtet es sich hoch auf, greift über seinen Kopf und orientiert sich neugierig im Raum. Und eine ausgiebige Krabbelphase verschafft dem Kind die Rumpfstabilität, die es für die aufrechte Haltung braucht.

In der normalen Entwicklung wird die Aufrichtung erreicht, wenn das Kind fähig ist, den Raum in der Vertikalen zu erfassen und nach oben zu greifen. Der Motor der Vertikalisierung ist also wieder die Neugierde. Bietet sich ein interessanter Anreiz, zieht und stemmt sich das Kind nach oben, anfangs zieht es sich hauptsächlich mit den Armen hoch; zu einem späteren Zeitpunkt haben auch die Beine ausreichend Kraft, um den Körper nach oben zu stemmen.

Die Aufrichtung erfolgt aus dem schrägen Sitz oder aus der Krabbelposition, aus der sich das Kind an Möbeln hoch in den Kniestand zieht, dann ein Bein aufstellt und im asymmetrischen Halbkniestand verharrt. Beim Hochkommen in den Stand zieht sich das Kind dann nicht kreuzorientiert nach oben, sondern benutzt den Arm auf der Seite des aufgestellten Knies (➤ Abb. 4.183). Später kann es auch an der glatten Wand in den Stand hochkommen, die braucht es allerdings noch eine ganze Weile, um sein Gleichgewicht zu halten.

Bis zum ersten Schritt dauert es mindestens noch 3 Monate, in denen das Stehen geübt wird, anfangs noch breitbeinig und unsicher. Beide Hände sind noch nötig, um auf den kleinen Füßen zu stehen; beim Lösen einer Hand fällt das Kind zurück auf den Hosenboden.

> **BEACHTE**
> Ziehen Sie Ihr Kind nicht in den Stand. Warten Sie ab, bis Ihr Kind von selbst den Weg in die Aufrichtung findet! Erst dann können Sie sicher sein, dass sein Körper vorbereitet ist, d.h. der Rumpf stabil genug ist und Füße und Wirbelsäule entfaltet sind.

Hand- und Fußentwicklung

Das Kind kann nun 2 Gegenstände, z.B. 2 Würfel, gleichzeitig in einer Hand halten. Es kann Spielzeug an einer Schnur zu sich heranziehen.

Jetzt macht das Wegwerfspiel besonders viel Spaß. Sitzt das Kind erhöht, lässt es Spielzeug fallen, schaut ihm nach und freut sich, wenn es aufgehoben wird und das Spiel von Neuem beginnen kann. Ganz bewusst loslassen kann es das Spielzeug jedoch noch nicht, es wird eher aus der Hand geschleudert.

Mit diesem Meilenstein entdeckt das Kind häufig den so genannten Zangengriff (➤ Abb. 4.184). Dieser weitere Präzisionsgriff hat sich aus dem Pinzettengriff entwickelt und ermöglicht dem Kind noch feineres Greifen. Bei dem Zangengriff trifft die Fingerkuppe des Daumens auf die Fingerkuppe des Zeigefingers – Nagel an Nagel. Der Daumen muss für diesen Griff weit abgespreizt und zum Zeigefinger

4.10 Zehnter Meilenstein: Der Halbkniestand

Abb. 4.184 Zangengriff

gedreht werden können. Die Gelenke der beiden Finger sind leicht angewinkelt und bilden beim Greifen das Aussehen einer Zange. Diese Form des Greifens ist die schwerste bzw. differenzierteste Greiffunktion, welche ein Kind im 1. Lebensjahr erlernen kann. Auch Erwachsene zeigen diesen Griff nicht immer korrekt, da er eine vollständig entfaltete Brustwirbelsäule voraussetzt. Je runder die Brustwirbelsäule, desto mehr Bewegungseinschränkungen weisen die Hände auf.

Beim Essen kann das Kind kleine Brotstückchen, Haferfleks oder Erbsen zunehmend gezielter aufpicken, untersuchen und in den Mund stecken. Zum Erforschen von Gegenständen benutzt das Kind seinen Zeigefinger auch isoliert, indem es z.B. an Rädern von Spielzeugautos dreht.

Sonstige Fähigkeiten

Sehen   Dem Kind bleibt nichts mehr unentdeckt: Es sieht nun auch in der Ferne scharf.

Hören   Das Kind nimmt Geräusche wahr, die sich außerhalb seines Gesichtsfeldes befinden. Fährt auf der Straße ein Auto vorbei, so lauscht das Kind auf das Geräusch und verharrt kurz in seiner Bewegung.

Sprache   Die sprachliche Imitation wird immer genauer: Das Kind versucht, erste spontane Worte nachzusprechen. Oft ist das erste Wort „Papa". Tiere werden mit „wau-wau" gerufen.

Sozialverhalten   Das Kind erkennt sein Spielzeug, d.h. es kann eigenes von fremdem Spielzeug unterscheiden. Es lacht sein Spiegelbild an und betastet es, erkennt sich jedoch noch nicht.

Das Kind reagiert auf seinen Namen. Es testet, wie ehrlich Verbote gemeint sind und prüft die Konsequenz oder Inkonsequenz seiner Eltern. Es bestimmt selbst, wann und mit wem es kuscheln will.

Mit diesem Meilenstein imitieren Kinder häufig Handlungen, z.B. das Trinken aus der Tasse oder das Essen vom Löffel.

4.10.2 Anregungen für Spiel und Bewegung

Mit der Aufrichtung verlieren die Füße mehr und mehr ihre Greiffunktion und werden zum Stützen eingesetzt. Am besten lassen Sie Ihr Kind mit nackten Füßen spielen. Dann nimmt es mehr Impulse über seine Fußsohlen auf und seine Fußmuskeln werden vermehrt gestärkt. Hängen Sie ihm interessantes Spielzeug an die Gitterstäbe seines Bettchens oder seines Laufstalls, dann zieht sich Ihr Kind vielleicht nach oben. Geben Sie ihm Anreize, aber „helfen" Sie ihm nicht, indem Sie es hochziehen!

Angeblich von Fachleuten empfohlene Geräte wie der „Hopser" oder das „Gehfrei" sind absolut ungeeignet. Sie sollen das Kind in der Aufrechten halten und das Laufen schneller herbeiführen. Eine gute Bewegungsqualität verhindern sie jedoch.

Ein „Hopser" sieht aus wie eine Babyschaukel mit einer Aufhängung aus Gummi. Das ganze Gerät wird im Türrahmen aufgehängt und das Kind hineingesetzt, so dass es hopsen und sich immer wieder vom Boden abdrücken kann. Das „Gehfrei" ist ein Gestell auf 4 Rädern, in dem das Kind in einem weichen Tuch eher sitzt als steht. Vor dem Kind ist eine Spielplatte angebracht, die den Blick auf die Füße verwehrt. Auf Zehenspitzen schiebt sich das Kind vorwärts oder rückwärts. Dieses Gerät ist für so manchen lebensgefährlichen Treppensturz verantwortlich, weil das Kind keine Möglichkeit hat, sich beim Sturz abzufangen.

Zudem werden die Kinder viel zu früh in diese Geräte gepackt. Dadurch erarbeiten sie sich nicht die natürliche Abfolge der Aufrichtung und werden um eine ausreichend lange Krabbelphase betrogen, in der Muskeln und Gelenke erst auf die Aufgabe der aufrechten Haltung vorbereitet werden. Die Kinder haben meist noch nicht den Raum über sich entdeckt und sind für die Aufrichtung noch nicht bereit. Ihre Rumpfmuskulatur verfügt noch nicht über die ausreichende Spannung, so dass die Wirbelsäule bei passiver Aufrichtung in eine Verkrümmung ausweicht. Hohlkreuz und Rundrücken können die Folgen sein. Auch die Füße haben sich noch nicht auf die Belastung eingestellt und weichen in einen Knicksenkfuß aus. Eine zu hohe Aufhängung bzw. Einstellung der Geräte forciert eine Spitzfußstellung. Wenn die Kinder dann frei laufen, gehen sie oft auf Zehenspitzen und es kann Jahre dauern, bis sich diese Angewohnheit verliert.

ZIELE
- Das Kind zieht sich hoch in den Stand.
- Es benutzt den Zangengriff.

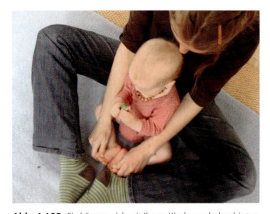

Abb. 4.185 Sie können sich mit Ihrem Kind wunderbar hintereinander in den Ringsitz begeben, dann können Sie seine Füße ergreifen, sie massieren und ausstreichen. Bringen Sie die Außenkanten seiner Füße zusammen, so dass Sie beide in die Fußsohlen wie in ein aufgeschlagenes Buch schauen können. In dieser Position sollten auch die Knie des Kindes auf dem Boden liegen können.

Abb. 4.186 Schaukeln im Kniestand: Um Spielzeug zu erreichen, kann sich das Kind nun auch in den Kniestand begeben. Aber es ist noch schwierig, das Gewicht zu verlagern und nur auf einem Knie zu stützen! Helfen Sie Ihrem Kind dabei, umfassen Sie sein Becken, wenn es kniet, und schaukeln Sie es sanft nach rechts und links.

Abb. 4.187 Führen Sie nun den Bewegungsweg weiter, indem Sie die entlastete Beckenseite leicht nach hinten bringen und nach oben führen. Vielleicht wird das Kind dann sein frei werdendes Bein aufstellen und den Halbkniestand einnehmen, bei dem beide Beine wieder gleich stark belastet werden. Vielleicht wird es sich auch ganz aufrichten und weiterspielen.

Abb. 4.188 Wird das Hochstemmen sicherer, so braucht Ihr Kind nur noch etwas Führung an den Schultern. Wenn es im Kniestand steht, umfassen Sie seine Schultern und schaukeln es ein wenig von der einen auf die andere Seite, damit es sich in den Stand hochdrückt.

4.10 Zehnter Meilenstein: Der Halbkniestand

Abb. 4.189 Setzen Sie sich zu Ihrem Kind auf den Boden und zeigen Sie ihm etwas Interessantes in der hoch erhobenen Hand. Vielleicht zieht es sich an Ihnen hoch.

Abb. 4.190 Aus der Hocke in den Stand. Da reicht es manchmal, über die Knie einen sanften Druck nach unten Richtung Boden zu geben; Ihr Kind spürt die Unterlage deutlicher und drückt sich hoch.

Abb. 4.192 Mit etwas Hilfe kann sich Ihr Kind schon vom Sitz in den Stand hochdrücken und in Ihre Arme fallen lassen.

Abb. 4.191 Im Halbkniestand können Sie denselben leichten Druck über nur ein Bein geben.

Abb. 4.193 Begeben Sie sich zu Ihrem Kind auf den Fußboden und lassen Sie es auf Ihren Beinen sitzen. Aus der Position kann es sich leicht erheben, um ein interessantes, etwas erhöhtes Spielzeug zu erforschen.

104 4 Die zwölf Meilensteine der kindlichen Entwicklung: Spiel- und Bewegungsanregungen

Abb. 4.194 Alles, was Räder hat, wird geschoben, dieser Wagen z.B. im Halbkniestand.

Abb. 4.196 Dinge verschwinden lassen und wieder zum Vorschein holen: Dazu nehmen Sie einen Schuhkarton, schneiden ein oder mehrere verschieden große Löcher in den Deckel und geben Ihrem Kind Bauklötze dazu.

Abb. 4.198 Reichen Sie ihrem Kind einen Rührlöffel, zunächst waagerecht, dann senkrecht. Es wird seine Hand zum Greifen immer entsprechend dem Gegenstand halten.

Abb. 4.195 Machen Sie Ihr Kind ausführlich mit der Treppe vertraut, bevor es sie in einem unbeobachteten Moment allein erforscht. Zudem hat das Treppenkrabbeln einen besonderen Reiz, den die meisten Kinder immer wieder suchen, vielleicht weil die Treppenstufen das rhythmische Wechselspiel zwischen Händen und Beinen vorgeben und es oben Neues zu entdecken gibt?

Abb. 4.197 Reiskörner in eine Flasche zu füllen erfordert eine sehr hohe Geschicklichkeit!

Abb. 4.199 „Auf Schatzsuche": Allmählich weiß Ihr Kind, dass der Löffel nicht weg ist, nur weil Sie ihn unter einem Tuch verbergen. Neugierig wird es das Tuch wegziehen und das Spiel immer wieder von Neuem spielen wollen.

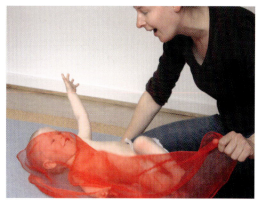

Abb. 4.200 Bestimmt mag es auch selbst unter dem Tuch entdeckt werden!

Abb. 4.201 Streichen Sie mit dem Tuch oder einem anderen weichen Gegenstand, z.B. einer Feder, über die Haut Ihres Kindes. Das macht unruhige Kinder ganz aufmerksam und gelöst.

4.11 Elfter Meilenstein: Der freie Stand

Für diesen Meilenstein variiert das tatsächliche Alter besonders stark. Wenige Kinder sind besonders schnell und stehen schon mit 9 Monaten frei, die größere Mehrheit entdeckt den freien Stand am Ende des 11. Monats. Aber es ist auch nicht besorgniserregend, wenn die Kinder sich Zeit lassen und den freien Stand erst mit 14 Monaten zeigen. Oft sind es gerade solche Kinder, die recht schnell und früh sprechen und sehr geschickt in der Feinmotorik sind.

Für die Aufrichtung und den freien Stand muss die Rumpfmuskulatur gut ausgebildet sein und die nötige Spannung bereithalten. Ebenso wichtig ist es, dass die Kinder ein Bewusstsein für die Füße entwickelt haben. Sind die Fußgelenke übermäßig beweglich, so fällt es den Kindern schwer, sich darauf aufzurichten. Möglicherweise ist dann in Absprache mit der Physiotherapeutin zu überlegen, den Kindern ausnahmsweise – auch wenn sie noch nicht laufen – Schuhe anzuziehen, um den Fußgelenken den nötigen Halt zu geben.

4.11.1 Merkmale

Die Fähigkeiten der letzten Meilensteine – Krabbeln, Sitzen und Hochziehen – werden zunehmend selbstverständlicher beherrscht. Die Muskulatur ist kräftiger geworden und die Bewegungen koordinierter. Mit Leichtigkeit krabbelt das Kind die Treppe hoch und über Hindernisse und lässt sich in seinem Bewegungs- und Forscherdrang nicht aufhalten.

Dinge in Regalen oder auf Kommoden, die vorher noch außer Reichweite waren, wecken die Neugier des Kindes. Es zieht sich nach oben, steht breitbeinig mit herausgewölbtem Bauch und braucht sich jetzt oft nur noch mit einer Hand festzuhalten. Die andere ist frei zum Spielen.

Auch der Stand muss geübt und stabilisiert werden. Dazu wippt das Kind hoch und runter und schaukelt nach rechts und links. Diese Gewichtsverlagerung von einem auf das andere Bein wird Küs-

Abb. 4.202 Stehen, Festhalten und Umdrehen

Abb. 4.203 Der freie Stand

tenschifffahrt genannt. Hält sich das Kind an Möbeln fest und wird ihm ein Spielzeug von hinten gereicht, so kann es sich nun in den Raum drehen (➤ Abb. 4.202). Nur, wie kommt das Kind wieder zurück auf den Boden? Entweder es schreit, bis jemand zur Hilfe kommt, oder es lässt sich einfach zurück auf den Po fallen. Anders geht es meist noch nicht.

Die ersten „Gehversuche" beginnen auf Händen und Füßen. Über den Vierfüßlerstand kommen die Kinder hoch in den so genannten Bärenstand (➤ Abb. 4.213). Sie strecken ihre Beine durch und den Po in die Höhe. Anfangs ist die Wegstrecke noch recht kurz und die Kinder fallen wieder zurück in den Vierfüßlerstand. Aber schon bald können sie längere Strecken im Bärengang zurücklegen. Diese Fortbewegungsart kräftigt die Rumpf- und Beinmuskeln und fördert wie das Krabbeln die Koordination von Armen und Beinen.

Die ersten Schritte in der Aufrechten erfolgen zur Seite, an Möbeln entlang, eine Art aufgerichteter Vierfüßlergang mit Händen und Füßen. Später reicht die glatte Wand als Halt und Orientierung.

Der freie Stand erfolgt zufällig, wenn das Kind abgelenkt ist und beide Hände loslässt. Plötzlich steht es frei, noch unsicher mit eingekrallten Zehen und hochgezogenen Schultern. Mit einem Gegenstand in der Hand, z.B. einem Rührlöffel, gelingt der Stand leichter; das Kind hat hier einfach noch das Gefühl, es würde sich festhalten (➤ Abb. 4.203).

Hand- und Fußentwicklung

Das Kind spielt mit einem Ball und beginnt, ihn zu rollen. Spielzeugautos werden hin und her geschoben. Es klatscht in die Hände; Finger und Handgelenke sind dabei gestreckt.

Bevor das Kind vorwärts läuft, geht es seitlich. Dadurch werden die kleinen Fußmuskeln gekräftigt und die Fußgewölbe bilden sich aus.

Sonstige Fähigkeiten

Sprache Häufig werden mit diesem Meilenstein die ersten Worte sinnvoll gebraucht. „Papa" und „Mama" werden richtig auf die Person bezogen eingesetzt.

Sozialkontakt Das Kind gibt und nimmt Spielzeug auf Aufforderung („Bitte-und-Danke-Spiel").

> **HINWEIS**
> Gehen Sie mit Ihrem Kind zum Arzt:
> - wenn es sich mit 11 Monaten noch nicht vom schrägen Sitz in den Langsitz aufsetzt
> - wenn es noch keine Stehbereitschaft zeigt, d.h. wenn es zusammensackt, sobald es auf die Füße gestellt wird.

4.11.2 Anregungen für Spiel und Bewegung

Spielzeug, das etwas erhöht liegt, ist ein Anreiz zur Aufrichtung. Immer häufiger werden Sie nun Ihr Kind in aufrechten Positionen spielen sehen. Lassen Sie Ihr Kind auch barfuß spielen, dann spürt es den Boden intensiver und Wahrnehmung und Gleichgewicht werden stärker angesprochen. Schuhe haben noch etwas Zeit!

ZIELE
- Es geht seitlich an Möbeln entlang („Küstenschifffahrt").
- Es stellt sich in den Bärenstand.
- Das Kind beherrscht den freien Stand.

Abb. 4.205 Ein großer Ball fasziniert jedes Kind; er gibt Sicherheit, obwohl er rollt. Geben Sie Ihrem Kind den nötigen Halt am Rumpf oder nur noch an den Oberschenkeln.

Abb. 4.204 Halten Sie Ihr Kind im Stand am Becken fest. Geben Sie über das Becken einen leichten Druck Richtung Boden und verstärken Sie dadurch die Wahrnehmung des Stehens.

Abb. 4.206 Vielleicht gelingt auch schon das Hochziehen ganz ohne Hilfe?

Abb. 4.207 Auf einer Luftmatratze das Gleichgewicht zu halten ist schwierig, aber der Stand wird sicherer.

Abb. 4.208 Sie können die Luftmatratze auch vor einen Stuhl legen und Ihr Kind animieren, sich an ihm hochzuziehen. Mit der einen Hand wird es sich noch festhalten müssen, aber die andere ist frei zum Spielen.

Abb. 4.209 Nehmen Sie Bälle, ein Abflussrohr oder eine Papprolle und lassen Sie Ihr Kind die Bälle hineinwerfen. Das klappt gut, sobald Ihr Kind genug Gleichgewicht im Stand hat. Ist es schon sehr sicher, legen Sie die Bälle auf den Boden, damit das Kind immer wieder auch in die Hocke geht.

Abb. 4.210 Hinstellen und Hinhocken im Wechsel: Ein Korb auf einem Stuhl wird gerne mit Bällen oder Bauklötzen gefüllt.

4.11 Elfter Meilenstein: Der freie Stand   **109**

Abb. 4.211 Bewegen Sie sich zu schöner Musik, Ihr Kind wird mitmachen und von selbst anfangen zu schaukeln und hoch und runter zu wippen.

Abb. 4.212 Setzen Sie sich auf den Boden und lassen Sie Ihr Kind auf einem Ihrer Oberschenkel reiten. So kommt es immer wieder zum Stehen. Sie können sein Becken umfassen und es auch mal etwas nach hinten kippen, so dass Ihr Kind Zehen und Vorfuß abheben muss. Dies ist eine natürliche Gleichgewichtsreaktion, welche im Stand benötigt wird.

Abb. 4.213 Aus dem Vierfüßlerstand können Sie Ihr Kind in den Bärenstand bringen, indem Sie es einfach auf die Füße stellen. So ist das Spiegelbild interessant oder auch ein Ball, den Sie unter seinem Bauch hindurchrollen.

Abb. 4.214 Im Bärengang geht es das Schrägbrett hinauf.

Abb. 4.215 So können Sie die „Küstenschifffahrt" unterstützen: Wenn Ihr Kind sich gut festhält, umfassen Sie sein Becken und schaukeln es leicht von links nach rechts. Verstärken Sie die Gewichtsverlagerung und Ihr Kind hebt im Wechsel seine Beine ab.

4 Die zwölf Meilensteine der kindlichen Entwicklung: Spiel- und Bewegungsanregungen

Abb. 4.216 Locken Sie Ihr Kind mit einem Spielzeug und es wird seine ersten seitlichen Schritte tun.

Abb. 4.217 Und ein Auto muss natürlich fahren!

Abb. 4.219 Die alte Babywanne bietet auch ohne Wasser viele Spielmöglichkeiten. Ihr Kind kann hineinklettern, Bootfahren spielen und wieder herausklettern.

Abb. 4.218 Treppe, Stuhl und Sofa: Hochklettern geht ja gut, aber wie kommt Ihr Kind wieder herunter? Zeigen Sie ihm, dass es mit den Füßen voran am besten geht. Dies dient auch als Vorsichtsmaßnahme, falls Ihr Kind doch mal in einem unbeobachteten Moment an eine Stufe gerät. Ein Schutz vor Stürzen ist es natürlich nicht.

4.11 Elfter Meilenstein: Der freie Stand

Abb. 4.220 Es kann darauf wie auf einem Pferd reiten.

Abb. 4.221 Oder das Lieblingsspiel spielen: Verstecken!

Abb. 4.222 Mit einer Papprolle und ein paar Kugeln kann sich das Kind ausdauernd beschäftigen.

Abb. 4.223 „Was macht die Katze?" Vielleicht interessiert sich Ihr Kind schon für Bilderbücher und hat Spaß daran, Geräusche von Tieren oder Dingen nachzumachen. Dann gefällt ihm sicher auch ein kleines Fotoalbum, in dem es Geschwister, Eltern, Großeltern und Haustiere suchen kann.

Abb. 4.224 Mit der Zunge spielen: Herausstrecken, nach rechts und links bringen, in den Wangentaschen bewegen, mit den Lippen plustern, die aufgeblasenen Wangen mit den Händen zum „Platzen" bringen usf. Ihr Kind wird lachen und Sie nachzuahmen versuchen. Die Koordination der Zunge und die Feinmotorik der Hand gehören zusammen, wie auch die Zungenmotorik und die Sprachentwicklung miteinander verbunden sind.

4.12 Zwölfter Meilenstein: Der erste Schritt

Der erste Schritt ihres Kindes ist für Eltern ein besonderes Ereignis. Nachdem das Kind an Möbeln entlang gegangen ist und Stühle durch den Raum geschoben hat kommt es einem plötzlich frei und mit staunendem Gesichtsausdruck entgegen. Auch für das Kind selbst ist diese plötzlich entdeckte Fortbewegungsweise ein Ereignis. Hat es das selbständige Laufen entdeckt, so ist es nicht mehr zu stoppen und nutzt jede Gelegenheit, um die neue Fähigkeit zu erproben. Dabei braucht es nun kein lockendes Spielzeug mehr; das Laufen selbst ist das Ziel.

Die meisten Kinder machen ihren ersten Schritt zwischen dem 13. und 14. Monat. Manche Kinder laufen wesentlich eher, andere erst mit 18 oder gar 20 Monaten. Wann ein Kind mit dem Laufen beginnt, hängt im Wesentlichen davon ab, wie rasch die Funktion des Gehens im Gehirn ausreift. Kinder, deren Eltern spät gelaufen sind, entdecken das freie Gehen meist auch mit Verzögerung. Erreicht das Kind diesen Meilenstein, so ist es manchmal so sehr damit beschäftigt, dass Fortschritte in anderen Entwicklungsbereichen für eine Weile stagnieren.

Voraussetzung für das freie Gehen ist nicht immer der freie Stand. Manche mutigen Kinder stürmen einfach drauflos und laufen, noch bevor sie frei stehen können, wissen dann aber nicht, wie sie im Lauf anhalten sollen und lassen sich in die Arme der Eltern fallen. Beim Laufen das Gleichgewicht zu halten ist leichter als es im Stand zu beherrschen. Andere Kinder stehen erst frei, bevor sie zaghaft den ersten Schritt wagen. Das Laufen wird in dem Moment sicherer, sobald das Kind seine Bewegung stoppen und die Richtung ändern kann.

Dieses anspruchsvolle Bewegungsprogramm fällt dem Kind umso leichter, je besser sich sein Gleichgewichtssinn und seine Koordination in den letzten Monaten entwickeln konnten. Hat es Meilenstein für Meilenstein selbständig gemeistert und seinen Körper beim Stützen, Drehen, Krabbeln und Hochziehen gut kennen gelernt, so wird es wenig Mühe bei der Aufrichtung haben und ein gutes Bewegungsmuster zeigen.

> **BEACHTE**
> Häufig „üben" Eltern schon vorher mit ihrem Kind das Gehen, indem sie es an beiden hochgezogenen Händen oder unter den Achseln führen. Warten Sie lieber ab, bis sein Gleichgewichtsgefühl so gut ist, dass es die ersten Schritte alleine schafft. Danach können Sie es spielerisch unterstützen.

4.12.1 Merkmale

Geschafft!

Am besten lernt das Kind mit nackten Füßen laufen. Es spürt intensiv den Boden und die Tragfähigkeit seiner Füße. Dadurch werden seine Wahrnehmung und sein Gleichgewichtssinn angeregt. Wenn die Füße zu kalt werden, ziehen Sie Ihrem Kind Antirutschsocken an oder besser noch weiche Schuhe ganz aus Leder (➤ Abb. 4.225). Damit hat Ihr Kind den besten Halt, wenn es sich auf glatten Böden, z.B. Fliesen oder Parkett, hochzieht. Mit nackten Füßen oder weicher Fußbekleidung kann das Kind zudem leicht von einer Position in die andere Position wechseln. Die Fußmuskulatur entwickelt sich und ein gesunder Fuß wächst heran.

Die ersten freien Schritte sind noch ein wenig wackelig und tollpatschig, werden aber immer sicherer

4.12 Zwölfter Meilenstein: Der erste Schritt

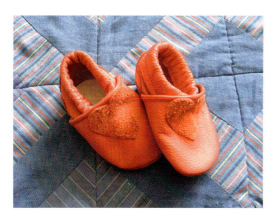

Abb. 4.225 Geeignete Schuhe zum Laufenlernen

Abb. 4.226 Die ersten Schritte sind schwierig. Hier ist sogar die Zunge beteiligt!

(> Abb. 4.226). Das Kind zieht die Schultern hoch und benutzt die Arme zum Ausbalancieren, indem es sie seitlich abhebt. Durch eine Seitwärtsverlagerung des Körpers gelangt es vorwärts. Das bedeutet, dass die Standphase des Fußes vorhanden ist, die Abstoßphase und das Abrollen des Fußes sich jedoch noch entwickeln müssen. Das geschieht langsam bis zum 3. Lebensjahr; erst dann hat sich die Wirbelsäule vollständig in der Vertikalen entfaltet, d.h. das Becken ist aufgerichtet und das Hohlkreuz verstrichen. Vorher zeigen die Kinder den typischen (natürlichen!) Knickfuß und den vorgewölbten Bauch.

Es braucht Sie auch nicht zu beunruhigen, dass die Beinachsen Ihres Kindes bei den ersten Schritten noch nicht gerade stehen. Während des Laufenlernens zeigt Ihr Kind mehr oder minder ausgeprägte O-Beine, ein Jahr später sogar X-Beine. Erst im 3. Lebensjahr begradigt sich die Beinachse.

Die ersten Gehversuche enden oft auf dem Hosenboden, wenn sich das Kind nicht gerade noch mit den Händen abstützt. Nach wenigen Wochen wird das Laufen jedoch so sicher, dass das Kind die Arme nicht mehr zum Ausbalancieren einsetzen muss, sondern seitlich mitschwingen lassen kann. Auch passt es das Tempo zunehmend besser den räumlichen Gegebenheiten an. Es kann den Laufvorgang stoppen und die Richtung ändern. Ohne sich festzuhalten steht es – meistens aus dem Bärenstand – vom Boden auf und setzt sich wieder hin. Es steht frei und kann sich gleichzeitig mit dem Spielzeug in seinen Händen befassen.

Treppen werden noch eine Weile hochgekrabbelt. Später hält sich das Kind mit beiden Händen am Treppengeländer fest und geht die Treppe im Nachstellschritt seitlich hoch. Runter geht es noch am besten auf dem Hosenboden oder auch schon seitlich am Geländer.

Endlich feste Schuhe kaufen?

Einen festen Schuh benötigt das Kind erst, wenn es wirklich gut gehen kann und draußen herumläuft. Dann sind die Schuhe ein notwendiger Schutz gegen Nässe und Kälte.

In den ersten Jahren wächst der Fuß recht schnell und man muss sehr darauf achten, dass das Kind nie zu kleine Schuhe trägt. Der Fuß würde beachtlich darunter leiden. Um die Größe zu bestimmen, zeichnen Sie eine Schablone aus Pappe von beiden Füßen Ihres Kindes. Dazu setzen Sie den Fuß des Kindes im Stand auf ein Stück Pappe und zeichnen die Umrisse ab. Nun geben Sie an der Fußspitze noch ca. 1 cm dazu und schneiden die Schablonen aus. Damit können Sie im Schuhgeschäft prüfen, ob die ausgewählten Schuhe auch die Richtigen sind: Die Schablonen müssen problemlos in die Schuhe passen.

Zusätzlich sollten Sie darauf achten, dass sich die Sohle gut in alle Richtungen biegen lässt und dass die Fersen ganz umschlossen sind. Der Schuh sollte bis zum Sprunggelenk reichen, auch bei Sandalen. Gebrauchte Schuhe sind vorgeformt und daher weniger geeignet.

Meist freuen sich Eltern auf den ersten Schuhkauf und sind ganz überrascht, dass ihr Kind da anderer Meinung ist. Die Enge um die Füße ist für die meisten Kindern so ungewohnt und unangenehm, dass sie anfangen zu schreien und versuchen, die Schuhe wieder auszuziehen. Wenn man Glück hat, mischt sich ein Außenstehender ein und bestaunt die schönen Schuhe. Dann kann alles schnell vergessen sein, und das Kind ist stolz, Schuhe wie die Großen zu tragen.

Sonstige Fähigkeiten

Sprache Das passive Sprachverständnis wächst, d.h. das Kind versteht schon sehr viel. Mit diesem Meilenstein wird Sprache auch aktiv eingesetzt; viele Kinder beginnen, die ersten wenigen Worte sinnvoll zu benutzen. Mit der sicheren Zuordnung der Begriffe verringert sich das Bedürfnis des Kindes, die Gegenstände mit Mund und Zunge zu erforschen.

Sozialverhalten Die Trotzphase beginnt. Hier offenbart sich das starke Streben des Kindes nach Selbständigkeit.

4.12.2 Anregungen für Spiel und Bewegung

Mit der Fähigkeit des Laufens und Kletterns kommt Ihr Kind überall hin. Es beobachtet Sie bei Ihren Arbeiten im Alltag und möchte teilhaben. Es möchte auch essen, wenn Sie essen, es möchte mit Ihren Alltagsgegenständen umgehen, es möchte „mithelfen", wenn Sie Dinge reparieren, saubermachen, kochen oder Kuchen backen. Versuchen Sie, es langsam mit einzubeziehen und ihm kleine Aufgaben anzuvertrauen, auch wenn alle Tätigkeiten dann etwas länger dauern.

ZIELE
- Das Kind kann frei über den Bärenstand aufstehen.
- Es geht selbständig in die Hocke und kommt wieder in den Stand.
- Es läuft ohne Hilfe, kann beim Laufen innehalten und die Richtung wechseln.

Abb. 4.228 Oder modernere Varianten anbieten, die für Kinder mit Gleichgewichtsproblemen eine gute Herausforderung sind.

Abb. 4.229 Wenn Ihr Kind noch sehr unsicher läuft, stellen Sie 2 Stühle mit kurzem Abstand nebeneinander, so dass es beide Stühle mit den ausgestreckten Händen erreichen kann. Jetzt können Sie ein Spielzeug mal auf den einen, mal auf den anderen Stuhl legen, damit Ihr Kind beginnt, sich in den Raum zu drehen und sich zwischen den Stühlen hin und her zu bewegen. Gelingt das gut, vergrößern Sie den Abstand zwischen den Stühlen. Das Kind muss sich kurzfristig von seinem sicheren Halt mit den Händen lösen. Geht es dabei runter auf den Boden, war der Abstand doch noch zu groß.

Abb. 4.227 Jetzt können Sie Ihr altes Schaukelpferd vom Dachboden holen!

4.12 Zwölfter Meilenstein: Der erste Schritt

Abb. 4.230 Schöner ist es, zwischen zwei vertrauten Menschen hin und her zu laufen und sich in ihre Arme fallen zu lassen. Fühlt sich das Kind sicher, so vergrößern Sie auch hier den Abstand. Vor Freude glucksend überwindet es so immer größere Strecken.

Abb. 4.231 Sie können Ihr Kind auch zu sich locken, wenn es auf einem kleinen Kinderstuhl sitzt.

Abb. 4.232 Beim Laufen können Sie Ihr Kind von hinten entweder am Becken oder auch an beiden Schultern führen. Eine Hand kann auch von vorne an das Brustbein und die andere an die Brustwirbelsäule greifen.

Abb. 4.233 Die ersten Schritte: Geben Sie leichte Unterstützung an beiden Händen, später nur noch an einer Hand. Achten Sie aber darauf, dass Sie sich der Größe des Kindes anpassen und seine Arme nicht nach oben ziehen.

Abb. 4.234 So können Sie sogar Fußball spielen!

Abb. 4.235 Das freie Gehen wird auch sicherer, wenn Ihr Kind den Ball zum „Festhalten" in der Hand hält.

4 Die zwölf Meilensteine der kindlichen Entwicklung: Spiel- und Bewegungsanregungen

Abb. 4.236 Mit Vorliebe schiebt das Kind Dinge vor sich her, z.B. einen Stuhl.

Abb. 4.237 Oder einen Puppenwagen, der ruhig schwer beladen sein darf, damit er nicht kippt. Viele Kinder wollen jetzt auch den eigenen Kinderwagen schieben.

Abb. 4.238 Luftballontennis: Dazu brauchen Sie nur einen von der Decke baumelnden Luftballon und zwei Kochlöffel.

Abb. 4.239 Bauen Sie einen Hindernisparcour mit schräger Ebene, Kisten, Bänkchen, Polstern. Probieren Sie aus, wie viel Führung Ihr Kind noch braucht und lassen Sie es selbst herausfinden, wie es die Höhenunterschiede am besten überwindet: im Bärengang, noch krabbelnd oder schon auf zwei Beinen laufend.

Abb. 4.240 „Barfußwege" regen alle Sinne an: Ein „weicher" Hindernisparcour aus Teppichresten, Fell, Decken, Kissen oder Luftmatratze fühlt sich schön unter den nackten Füßen an. Draußen brauchen Sie Ihrem Kind nur die Schuhe auszuziehen: Laufen Sie mit ihm zusammen über Rasen, Gehwegplatten, kleine Kieselsteine, durch Laub, über Moos, Zweige und Sand.

Abb. 4.241 Schauen Sie mal, wie Ihr Kind auf Seifenblasen reagiert! Es wird ganz fasziniert sein, vielleicht nur zuschauen, vielleicht auch schon versuchen, die schillernden Kugeln zu fangen. Vielleicht interessiert es sich auch für die Seifenlauge und möchte selber pusten.

4.12 Zwölfter Meilenstein: Der erste Schritt

Abb. 4.242 Wattewölkchen fühlen sich leicht und weich an, sie lassen sich gut über den Tisch pusten. Das Pusten regt die Mundmotorik an und darüber die Sprache.

Abb. 4.243 Jetzt werden Steckspiele mit Löchern für verschiedene Formen interessant, denn Ihr Kind beginnt, die Formen zu unterscheiden und richtig zuzuordnen.

Abb. 4.244 Es scheint so einfach, aber erst mit diesem Meilenstein kann das Kind eine Dose nicht nur ausschütten, sondern auch mit der Hand hineingreifen. Es hat gelernt, dass seine Hand noch da ist, obwohl es sie nicht mehr sieht. Verstecken Sie interessante Dinge in Gefäßen mit schmalen Öffnungen und Ihr Kind entdeckt seinen Tastsinn.

Abb. 4.245 Rollen tauschen und Handlungen nachahmen, ein unerschöpfliches Spiel, das Ihr Kind ab jetzt für einige Jahre fasziniert. Lassen auch Sie sich mal füttern; Sie werden erstaunt sein, wie sehr Ihr Kind Ihr Sorgeverhalten spiegelt.

Abb. 4.246 Theater spielen mit Hand- oder Fingerpuppen oder auch nur mit auf die Finger gemalten Gesichtern. Die Puppen können miteinander sprechen, singen und tanzen, sie können aber auch das Kind direkt ansprechen, es froh oder nachdenklich stimmen und am Abend an die Erlebnisse des Tages erinnern.

KAPITEL 5

Babymassage: Die sinnliche Welt des Babys

Ihr Baby kommt mit einem bestens entwickelten Berührungssinn auf die Welt. Berührung und Liebkosung sind elementare Bedürfnisse des Säuglings und beeinflussen sein ganzes Leben. Über keinen anderen Weg kann Ihr noch junges Kind Zuwendung und Zärtlichkeit stärker empfinden als über die Haut. Berührung ist die erste „Sprache" zwischen Ihnen und Ihrem Kind und bietet eine wunderbare Möglichkeit, Ihre Beziehung von Beginn an zu festigen.

Babymassage unterstützt die Entwicklung Ihres Kindes. Die behutsame und ganzheitliche Berührung beruhigt und entspannt Ihr Kind. Sie hilft Ihrem Kind, sich zu orientieren, seine Wahrnehmung auszubilden und ein gesundes Körpergefühl zu entwickeln. Zudem werden das Herz-Kreislauf-System gestärkt, der Verdauungstrakt aktiviert und die Atmung intensiver. Haut und Muskulatur werden besser durchblutet. Sanftes Berühren und Streicheln der Gesichtszüge stimulieren die Trinkfähigkeit und sind daher auch geeignet, wenn Ihr Kind eher zögerlich trinkt.

5.1 Die Vorbereitung

Die Atmosphäre im Raum sollte entspannt, ruhig und freundlich sein. Mildes Licht und eine warme Umgebung ohne Zugluft geben den richtigen Rahmen für eine liebevolle Behandlung. Am zufriedensten sind ausgeschlafene und satte Kinder. Beruhigende Musik, ein gesungenes oder gesummtes Lied runden die Massage ab.

Sie können Ihr Kind gut auf dem Schoß massieren. Dazu setzen Sie sich mit ausgestreckten Beinen entweder auf den Boden oder quer auf das Sofa. Es kann auch ein Sessel sein; legen Sie nur Ihre Füße hoch genug auf eine Fußbank und machen Sie es sich selbst bequem. Legen Sie sich nun Ihr nacktes Kind so auf Ihre mit einem Lammfell versehenen Oberschenkel, dass Sie beide sich anschauen können. Auch auf dem Wickeltisch können Sie Ihr Kind massieren; dazu bereiten Sie ihm ein Nestchen vor (➤ Abb. 5.1).

Wenn der Nabel verheilt ist, kann mit der Babymassage begonnen werden. Für Früh- und Neugeborene sind zu Beginn 5 Minuten am Tag ausreichend, die Sie langsam bis auf 10 bis höchstens 15 Minuten steigern können – je nach Vorliebe Ihres Kindes.

Auch den Zeitpunkt für eine Babymassage sollten Sie von den Vorlieben Ihres Kindes abhängig machen. Morgens nach dem Aufstehen wirkt eine Massage eher anregend, wenn Sie sie mit vielen kreisenden Bewegungen versehen und anschließend mit Ihrem Kind spielen. Auch vor oder nach einer Spielphase kann eine Massage für Ihr Kind angenehm sein. Vielleicht hat es auch unzufriedene Zeiten am Tag, die Sie mit einer Massage gut überbrücken können. Abends dürfen die Berührungen langsamer und mit vielen Streichungen durchgeführt werden, damit die Massage entspannend wirkt. Im Anschluss an die abendliche Massage kann ein beruhigendes Bad folgen. Das warme Bad löst die letzten noch vorhandenen Verspannungen und sorgt für eine ruhige gute Nacht.

Abb. 5.1 Vorbereitung auf die Massage

Die Massage soll Ihrem Kind Halt vermitteln. Das gelingt am besten durch großflächigen Kontakt über die Handflächen. Damit sich Ihr Kind wohlig entspannen kann, sollten Ihre Hände warm genug sein. Verreiben Sie einige Tropfen Massageöl in den Händen. Geeignete Öle für Babys sind Mandelöl, Jojobaöl oder Ringelblumenöl. Allergische Reaktionen sind hier selten.

Selbstgemischte Massageöle bestehen aus einem Basisöl und aus Aromen (ätherischen Ölen). Basisöle sind in der Apotheke erhältlich und können z.B. Olivenöl, Weizenkeimöl, Haselnussöl, Sonnenblumenöl sein, aber auch Mandel- und Jojobaöl, die sich für Allergiker eignen. Basisöle sollten keinen starken Eigengeruch vorweisen, kein Parafin und keine Haltbarkeitsstoffe beinhalten. Am besten fragen Sie nach, ob das Produkt sich auch für Säuglinge eignet.

Das Basisöl können Sie mit ätherischen Ölen vermischen (2–5 Tropfen auf 10 ml Öl) und damit auf unterschiedliche Wirkungen abzielen, z.B. wirkt:
- Honig: balsamisch, beruhigend
- Kamille: krampflösend, beruhigend, stärkend
- Rose: beruhigend, ausgleichend
- Vanille: beruhigend
- Zitrone: entzündungshemmend, durchblutungsfördernd
- Lavendel: als Haut- und Nerventonikum.

Bei Schlafstörungen können Sie 20 ml Weizenkeimöl mit 2 Tropfen Kamille und 1 Tropfen Lavendel versehen und Ihr Kind damit massieren. Bei Blähungen geben Sie zu 10 ml Haselnussöl 2–3 Tropfen Melisse.

Stellen Sie immer nur kleine Mengen Massageöl her, damit es nicht verdirbt. Und achten Sie auch bei den selbst hergestellten Pflegemitteln auf allergische Reaktionen.

BEACHTE
Grundsätzlich gilt: Halten Sie Blickkontakt mit Ihrem Kind und achten Sie auf die Zeichen seines Wohlbefindens. Zeigt es deutlich seinen Unmut gegen das Massieren, brechen Sie die Massage ab. Auch werden Kinder mit Fieber, Gelbsucht, Hautausschlag oder anderen Erkrankungen nicht massiert, um ihren Stoffwechsel nicht noch weiter zu belasten.

5.2 Die Massagegriffe

Abb. 5.2 Umrahmen Sie mit beiden Handflächen das Gesicht Ihres Kindes und streicheln Sie es. Sie können mit Ihren Fingern von innen nach außen sanft über Stirn, Wangen und Kinn fahren.

Abb. 5.3 Schmetterlingsgriff: Dieser Griff lässt sich sowohl in Rücken- als auch in Bauchlage anwenden. Dabei legen Sie Ihre Fingerspitzen auf das Brustbein bzw. die Wirbelsäule Ihres Kindes und streichen mehrmals sanft mit Ihren Händen im Verlauf der Rippen entlang nach außen. Ein Schmetterling ist sehr filigran und zart; ahmen Sie die leichte Bewegung mit Ihren Händen nach.

Abb. 5.4 Kreise auf dem Bauch zur Förderung der Darmtätigkeit oder einfach nur zum Wohlfühlen. Streicheln Sie den Bauch Ihres Babys kreisförmig und im Uhrzeigersinn.

5.2 Die Massagegriffe **121**

Abb. 5.5 „Andreasgriff": Ihr Baby liegt auf dem Rücken. Überkreuz und im Rhythmus geht es im Wechsel von der einen Schulter zur gegenüberliegenden Hüfte.

Abb. 5.6 Schulterkreisen: Beide Hände fassen unter die Schulterblätter und beginnen mit kreisenden, massierenden Bewegungen. Die Bewegungsrichtung geht nach unten/außen, so dass Ihr Baby seinen Hals zeigt!

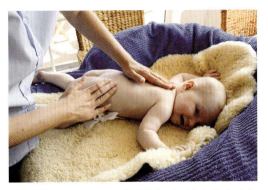

Abb. 5.7 Streichungen von Kopf bis Po: Streicheln Sie Ihr Baby mit breiter Handfläche über den Rücken, vom Kopf bis zum Po.

Abb. 5.8 Nachzeichnen des Schulterblatts. Zeichnen Sie von oben nach unten die Konturen des Schulterblattes mit den Fingerspitzen nach.

Abb. 5.9 Melkgriff In Rückenlage: Halten Sie mit einer Hand den Unterarm bzw. den Unterschenkel Ihres Kindes. Die andere Hand umschließt den Arm bzw. das Bein und streicht sanft massierend von der Hand zur Schulter bzw. vom Fuß zur Leiste.

Abb. 5.10 Perlengriff: Massieren Sie die Handinnenflächen und die Fußsohlen mit kreisförmigen Bewegungen des Daumens und streichen Sie behutsam Finger und Zehen aus. Nach dem Massieren können Sie den Kontakt noch ein wenig beibehalten, Hände und Füße des Kindes festhalten oder Ihre Hände sanft auf seinen Bauch legen.

Adressen

Bundesarbeitsgemeinschaft Elterninitiativen e.V.
Geschäftsstelle München
Landwehrstraße 60-62
80336 München
Tel: 089-9616060-60
Fax: 089-9616060-16
www.bage.de

Bundesarbeitsgemeinschaft evangelischer Familien-Bildungsstätten
Postfach 101051
44010 Dortmund
Tel.: 0231-5409-22
Fax: 0231-5409-24
www.bagfamilie.de

Bundesarbeitsgemeinschaft Familienbildung & Beratung e.V.
Hamburger Str. 137
25337 Elmshorn
Tel.: 04121-43806-3
FAX: 04121-43806-4
www.familienbildung.de

Bundesarbeitsgemeinschaft Mehr Sicherheit für Kinder e.V.
Heilsbachstr. 13
53123 Bonn
Tel.: 0228-68834-0
Fax: 0228-68834-88
Eltern-Hotline: 0228-688 34-34
www.kindersicherheit.de

Bundesverband für Kindertagespflege e.V.
Moerser Str. 25
47798 Krefeld
Tel.: 02151-154159-0
Fax: 02151-154159-1
www.tagesmuetter-bundesverband.de

Bundesverband selbstständiger Physiotherapeuten IKF e.V.
Lise-Meitner-Allee 2
44801 Bonn
Tel.: 0234-97745-0
Fax: 0234-97745-45
www.ifk.de

Deutsche Liga für das Kind
Charlottenstr. 65
10117 Berlin
Tel.: 030-285999-70
Fax: 030-285999-71
www.liga-kind.de

Deutscher Bundesverband für Logopädie
Augustinusstr. 11a
50226 Frechen
Tel.: 02234-37953-0
Fax: 02234-37953-13
www.dbl-ev.de

Deutscher Kinderschutzbund Bundesverband e.V.
Bundesgeschäftsstelle
Schöneberger Straße 15
10963 Berlin
Tel.: 030-214809-0
Fax: 030-214809-99
www.dksb.de

Erste Hilfe:
www.erste-hilfe-fuer-kinder.de
www.kinderaerzte-im-netz.de

Geschäftsstelle der La Leche Liga Deutschland e.V.
Gesellenweg 13
32427 Minden
Tel.: 0571-48946
Fax: 0571-4049480
www.lalecheliga.de
info@bage.de

Internationale Vojta Gesellschaft e.V.
Wellersbergstraße 60
57072 Siegen
Tel.: 0271-303839-99
Fax: 0271-303839-98
www.vojta.com

Kindernetzwerk e.V. für Kinder, Jugendliche und (junge) Erwachsene mit chronischen Krankheiten und Behinderungen
Hanauer Straße 8
63739 Aschaffenburg
Tel.: 06021-4544-0 und 0180-5213739
Fax: 06021-12446
www.kindernetzwerk.de

Verband alleinerziehender Mütter und Väter (VAMV) Bundesverband e.V.
Hasenheide 70
10967 Berlin
Tel.: 030-695978-6
Fax: 030-695978-77
www.vamv.de

Vereinigung der Bobath-Therapeuten Deutschlands e.V.
Geschäftsstelle
Postfach 1365
96468 Rödental
Tel.: 09563-309162
Fax: 09563-309162
www.bobath-vereinigung

Vereinigung für interdisziplinäre Frühförderung e.V.
Bundesgeschäftsstelle
Seidlstr. 4
80335 München
Tel.: 089-545898-27
Fax: 089-545898-29
www.fruehfoerderung-viff.de

Zentralverband der Physiotherapeuten/Krankengymnasten (ZVK) e.V.
Deutzer Freiheit 72-74
50679 Köln
Tel.: 0221-981027-0
Fax: 0221-981027-25
www.zvk.org

Literaturverzeichnis

Ambühl-Stamm, Dieter: Früherkennung von Bewegungsstörungen beim Säugling. Neuromotorische Untersuchung und Diagnostik, Urban&Fischer 1999

Dick, Anne; Weitbrecht, Walter-Uwe; Lindroth, Magnus: Prävention von Entwicklungsstörungen bei Frühgeborenen, Pflaum 1998

Eugster, Gaby: Babyernährung gesund und richtig, Elsevier 2005

Largo, Remo H.: Babyjahre, Piper, 17. Aufl. 2008

Lommel, Elke: Handling und Behandlung auf dem Schoß, Pflaum, 3. Aufl. 2002

Holzt, Renate: Therapie- und Alltagshilfen, Pflaum, 2. Aufl. 2004

Söller, Anne: Kinderbehandlung nach dem Bobathkonzept, Pflaum 2006

Stemme, Gisela; v. Eickstedt, Doris; Laage-Gaupp, Anita: Die frühkindliche Bewegungsentwicklung, Verlag Selbstbestimmtes Leben 1998

Orth, Heidi: Das Kind in der Vojta-Therapie, Elsevier 2005

Pickler, Emmi; Tardos, Anna: Lasst mir Zeit: Die selbständige Bewegungsentwicklung des Kindes bis zum freien Gehen. Pflaum 2001

Vojta, Vaclav: Die zerebralen Bewegungsstörungen im Säuglingsalter: Frühdiagnose und Frühtherapie, Thieme, 8. Aufl. 2008

B. Kienzle-Müller, G. Wilke-Kaltenbach
Babys in Bewegung